Rassismus und Behinderung

Theorie und Praxis

Menschenrechte

Bildung

Erziehung

© Edith Staud

ISBN 978-1-4477-8354-1
Erste Auflage
Alle Rechte vorbehalten
Herstellung und Vertrieb: Lulu.com
© 2011 Edith Staud

1. Inhaltsverzeichnis

2. Einleitung

Das Thema „Rassismus" ist ein interessantes Thema, da es historisch und aktuell von Bedeutung ist. Bei dem Wort „Rassismus" denken wahrscheinlich viele Menschen sofort an die Verbrechen, die im Nationalsozialismus unter Hitler an den Juden begangen wurden, dabei waren die Juden nicht die einzigen, die diesen Verbrechen zum Opfer fielen. Es ist auch nur schwer vorstellbar, wie Menschen in der Lage sein können, solche Taten zu begehen und damit so grausam und unmenschlich zu handeln, wie es im Nationalsozialismus geschehen ist. Genauso unverständlich kann man auch der Tatsache gegenüberstehen, dass es heute noch Personen gibt, die diese Verbrechen leugnen, rechtsextremistisches Gedankengut vertreten und seine Verbreitung unterstützen. Da ich 28 Jahre als Sonderschullehrerin an einer Körperbehindertenschule gearbeitet habe, interessiert mich diese Problematik natürlich besonders in Bezug auf die Behinderten. Es war meinen körperbehinderten Schülern, mit denen ich mich über diese Problematik unterhalten habe völlig klar, dass sie selbst wahrscheinlich, wenn sie zur Zeit des Nationalsozialismus gelebt hätten, der Euthanasie zum Opfer gefallen wären. Aber auch von aktuellen „rassistischen Übergriffen" wurde mir von den Schülern berichtet, die sich, völlig schockiert an mich wandten und fragten, wie sie sich zukünftig in einem solchen Fall denn verhalten sollten. Wir haben dann eine Unterrichtsstunde lang über dieses Thema diskutiert und es dauerte einige Zeit, bis sich die Schüler wieder beruhigt hatten. In Erinnerung an diese Ereignisse habe ich beschlossen diese Arbeit zu schreiben und auch eine Unterrichtseinheit für die Projektwoche mit einzubeziehen. Vielleicht kann man so den behinderten Schülern etwas helfen, diese Problematik besser zu bewältigen.

Da das Thema der Arbeit „Rassismus und Behinderung" lautet, möchte ich mich zuerst mit dem Begriff des „Rassismus" beschäftigen. Was versteht man unter Rassismus allgemein und in der Fachliteratur? Seit wann gibt es Rassismus und kann man bei allen Völkern rassistische Verhaltensweisen beobachten? Welche Bevölkerungsgruppen waren und sind Opfer rassistischer Verhaltensweisen? Ein Problem scheint auch die Überdehnung des Begriffs zu sein.

Im Kapitel 4 möchte ich die verschiedenen Behinderungsarten kurz beschreiben. Den Körperbehinderten möchte ich mich in dieser Arbeit besonders zuwenden, weil ihre Behinderung oft durch die anderen sofort erkennbar ist. Sie sind daher besonders häufig von Ausgrenzung und Diskriminierung betroffen, da sie in ihrem äußeren Erscheinungsbild von den normalen Vorstellungen abweichen, was für Nichtbehinderte oft ein Problem ist.

Im Kapitel „Behinderung, Ausgrenzung und Rassismus" beschreibe ich wie in der Geschichte mit dem Problem der Behinderung umgegangen wurde und auch die historischen Ereignisse zur Zeit des Nationalsozialismus. Die Behinderten wurden zwar als keine eigene Rasse betrachtet, aber die Ideologie des Rassismus hatte im Nationalsozialismus die Rassenhygiene zur Folge, und die Behinderten waren davon betroffen, weil sie nicht in das Selbstbild der „arischen Rasse" passten. Deshalb hatten sie nach den rassistischen Vorstellungen kein Recht auf Leben. Hier wirft sich auch die Frage auf, ob die Behinderten auch heute noch unter rassistischen Vorstellungen zu leiden haben. In der Literatur und auch in den Medien wird immer wieder über Ausgrenzungstendenzen gegenüber Behinderten und Diskriminierung von Behinderten berichtet. Finden sich auch Hinweise darauf, ob dieses Verhalten als rassistisch bezeichnet werden kann?

In Kapitel 6 werden die Perspektiven des Vorgehens gegen Rassismus und behindertenfeindliche Gewalt beschrieben. Dazu gehören in erster Linie die gesetzlichen Regelungen und das Strafrecht. Die Erziehungs- und Bildungsmaßnahmen sind aber genauso bedeutend, denn es sind die Werte und Einstellungen der Gesellschaft, die den Rassismus begünstigen oder verhindern. Nur wer ausreichend über Rassismus informiert ist, kann die Gefahren erkennen und läuft nicht so leicht in Gefahr in solche Denkmuster zu verfallen.

Wie sollen nun die Behinderten mit ihrer speziellen Problematik umgehen? Werden sie über diese Probleme während ihrer Schulzeit, die sie ja oft in einem geschützten Rahmen in einer Behinderteneinrichtung verbringen, ausreichend informiert und werden ihnen Möglichkeiten aufgezeigt wie man am besten mit diesen Belastungen umgeht? Dazu ist zu bemerken:

> „Das Selbstkonzept sehr vieler Kinder mit Körperbehinderung wird geprägt von der Erfahrung der Etikettierung durch die Mitwelt. Entscheidend sind Unterstützungsbedarf, Fremdbestimmtheit und Abhängigkeit. Biografische Zeugnisse weisen darauf hin, dass nicht primär die Behinderung ein tiefgreifendes Minderwertigkeitsgefühl hervorruft, sondern die Reaktion des sozialen Umfeldes." (Knop 1998, zit. n. Hedderich 2006, S. 26)

Es ist vorstellbar, dass diese Aussage auch für andere Behinderte zutrifft. Eine Förderung der sozialen Kompetenz gehört zu den Grundsätzen, an denen sich der Unterricht in einer Behindertenschule orientiert. Außer der Wissensvermittlung steht auch die Erziehung zur Lebensbewältigung im Mittelpunkt (vgl. Hedderich 2006, S. 86-88).

Dies hat mich dazu bewogen im Rahmen dieser Arbeit eine Unterrichtseinheit für die Projektwoche zu entwerfen, die Behinderte über die Problematik informieren soll, sie soll die Schüler aber auch anregen Strategien zur Bewältigung dieser Probleme zu entwickeln.

Die Unterrichtseinheit für die Projektwoche soll an Behindertenschulen durchführbar sein, aber auch in Kooperation mit nichtbehinderten Schulen. Dies soll keine exakt geplante Unterrichtseinheit sein, sie soll Anregungen zur individuellen Gestaltung bieten. Der Unterrichtsverlauf kann je nach Schulart und Klasse unterschiedlich sein. Über den Einsatz der einzelnen „Bausteine" können die Gruppen selbst entscheiden.

3. Was versteht man unter Rassismus?

Umgangssprachlich gesehen hat das Wort Rassismus eine negative Bedeutung. Man denkt dabei an den Nationalsozialismus und aber auch in der heutigen Zeit an die Übergriffe rechtextremer Gruppen, von denen immer wieder in den Medien berichtet wird.

Wie wird nun der Rassismus in der Fachliteratur beschrieben? Dabei gehen die Autoren unterschiedlich vor.

Da mit dem Begriff des „Rassismus" oft Ereignisse aus der Gegenwart oder aus der Zeit des Nationalsozialismus verbunden werden, beschreiben sowohl Miles 1999 (Rassismus Einführung in die Geschichte und Theorie eines Begriffs, Argument Verlag Hamburg; Berlin) wie auch Poliakov u. a.1992 (Rassismus Über Fremdenfeindlichkeit und Rassenwahn Luchterhand Literaturverlag Hamburg; Zürich) die geschichtliche Entstehung dieses Begriffs. Zu beginnen wäre mit den großen Zivilisationen der Antike.

> „Jede Zivilisation neigt dazu, sich im Hinblick auf das zu definieren, was ihr fremd ist. Schon früh bildete sich eine auf einer hierarchischen Vorstellung beruhende Weltanschauung heraus, wobei das »Wir« den obersten Platz auf der Stufenleiter einnimmt und die anderen eine untergeordnete Stellung, und das rechtfertigt die Anwendung von Gewalt gegen sie. (....)
>
> So gesehen hat der Rassismus seine Wurzeln schon in den fernsten Zeitaltern und ist ein verhängnisvoller Bestandteil jeder Kultur." (Poliakov u. a. 1992, S. 46)

Im alten Ägypten gab es offensichtlich keinerlei Diskriminierung gegenüber Fremden. Erst durch die wiederholten Invasionen von fremden Heeren kam es zu fremdenfeindlichen Äußerungen.

Die Griechen maßen dem Bestehen verschiedener Gruppen von Menschen wenig Bedeutung zu. Bei ihnen war die Welt in Griechen und Barbaren eingeteilt, wobei sich die Griechen als den fortgeschrittensten Menschentypus sahen, aber die Barbaren waren für sie nicht minderwertig. Die Griechen lebten auf sich selbst zurückgezogen - ein Ethnozentrismus. Sie interessierten sich nicht für andere Zivilisationen, wichtig war für sie die eigene Vorstellung von der Welt.

Das römische Imperium war aus vielen Völkern zusammengesetzt. Rom war offensichtlich fremden Einflüssen gegenüber offen, wenn die Untertanen römische Bürger geworden waren. Wegen seiner schwarzen Haut hatten sie offensichtlich Angst vor dem Afrikaner und bei manchen Autoren wird verachtend über die Barbaren aus dem Norden berichtet. Die Römer waren offensichtlich sehr feindselig gegenüber den Juden, aber unterdrückt wurden nur die Rebellen.

Die Juden bejahten die Einheit des Menschengeschlechts. Das Urchristentum betonte die Abschaffung aller sozialen und ethnischen Unterschiede. Dieses Toleranzideal findet sich bereits in den moralischen Vorschriften des Evangeliums.(vgl. Poliakov u. a. 1992, S. 48-52)

Miles berichtet, dass die Afrikaner vor allem wegen ihrer Hautfarbe, Haarstruktur und Nasenform identifiziert wurden.

> „Die antike Kultur besaß einen festgelegten Farbsymbolismus, in dem das Weiße positiv, das Schwarze aber negativ gewertet wurde, weil man es mit dem Tod und der Vorstellung einer Unterwelt assoziierte (Snowden 1983: 82f.). Doch führte der Parallelismus von der schwarzen Hautfarbe und negativer Bewertung des Schwarzen weder zu einer negativen Klischeevorstellung noch zur Rechtfertigung der Sklaverei (Davis 1984: 33)."(Miles 1999, S. 23)

Die kulturellen Unterschiede und die unterschiedlichen physischen Erscheinungen der Menschen würden durch klimatische, topographische und hydrographische Bedingungen hervorgerufen, so wurde spekuliert. (vgl. Miles 1999, S. 24)

Das Christentum geriet schon bei seiner Entstehung mit dem Judentum in Konflikt. Seit das Römische Reich christianisiert war, wurden antijüdische Gesetze erlassen. Im Mittelalter gab es massive Vorurteile gegenüber Juden, Judenverfolgungen und Judenvertreibungen. Das war aber noch kein Antisemitismus oder Rassismus. Es stützte sich ausschließlich auf religiöse Kriterien. Wenn ein Jude sich taufen ließ war er kein Jude mehr. Erst im 14. und 15. Jahrhundert kam in Spanien die Vorstellung auf, dass die Taufe nicht mehr genügt um den ursprünglichen Makel zu tilgen. Es wurden Gesetze zur Reinheit des Blutes erlassen. Diese Vorstellung von der Reinheit des Blutes kann als Rassismus bezeichnet werden

Auch war im Mittelalter der Aussätzige ausgeschlossen, weil sein Körper besudelt war. Die Träger gefährlicher Krankheitserreger wurden aus der Gemeinschaft verstoßen wegen der schreckenerregenden Bedrohung durch die Seuchen. Nichts konnte sie von ihrem Makel reinwaschen. Diese Art von Ausschließung war hauptsächlich sozialer Natur.

Die Mohammedaner wurden selten geduldet, hatten aber keinen unauslöschlichen Makel. Abwertende Vorurteile gegenüber Menschen schwarzer oder gelber Hautfarbe gab es nach Poliakov u. a. nicht. (vgl. Poliakov u.a. 1992, S. 53-63)

Miles berichtet allerdings, dass im Mittelalter der Islam und die islamische Welt als Quelle der religiösen und politischen Schwierigkeiten Europas definiert wurde. Die Araber galten als barbarisch, degeneriert und tyrannisch wegen ihrer Religion. Der Islam gründe sich auf Aggression und Krieg und würde sich dadurch ausbreiten (vgl. Miles 1999, S. 27,28).

Durch die Erforschung Afrikas und die Entdeckung Amerikas kamen die Europäer mit neuen Völkern in Kontakt. Dabei bestand ein scharfer Kontrast zwischen der eigenen und den fremden Zivilisationen. Es entstand in der Neuen Welt eine Kolonialgesellschaft, in der die Schwarzen versklavt und die Indianer großenteils ausgerottet wurden. Von da an hing der Platz in der sozialen Hierarchie von der Hautfarbe ab. In der europäischen Literatur dieser Zeit findet man viele Ideen, die als Hauptargumente für die Anwendung der These von der Unterlegenheit der farbigen Völker dienten. Das scheinen die Keime des modernen Rassismus zu sein (vgl. Poliakov u. a. 1992, S. 65, 66). Es wurde über die verschiedenen Ursprünge des Menschen spekuliert. Besonders La Peyrère wurde zum Urheber einen neuen Anthropologie, die die polygenetische These verwendete, um eine Aufteilung der Menschheit in Rassen zu etablieren (Poliakov u.a. 1992, S. 71)

> „Die ideologischen Ursprünge des modernen Rassismus sind also zweifacher Art:
> einmal sprach man den Primitiven die menschliche Würde ab, und sodann vertrat man
> die Polygenese, das heißt die Ansicht, daß das Menschengeschlecht nicht nur einen
> Ursprung habe. Die großen Entdeckungen hatten aber auch noch andere Folgen,
> insbesondere die Unterjochung, ja die Ausrottung unterworfener Völker und die
> Versklavung der aus Afrika eingeführten Schwarzen."(Poliakov u. a. 1992, S. 72,73)

Menschen anderer Hautfarbe wurden radikal abgewertet. Die Indios wurden abgewertet , weil bestimmte Aspekte ihrer Zivilisation bei den Europäer Abscheu hervorriefen. Als Rechtfertigung für die Versklavung der Neger wurde ihnen größere physische Widerstandskraft nachgesagt und es wurde der biblische Fluch herangezogen, der auf den Söhnen Hams lastet. Ham sollte dabei der Urvater der Schwarzen sein. Manche Theologen sahen in der dunklen Haut das Mal, mit dem Kain als Strafe für den Mord an Abel erhalten hat (vgl. Poliakov u.a. 1992, S. 73, 74).

Miles sieht als Ursache der Entdeckungsfahrten im 15.Jahrhundert eine größere ökonomische Krise, die die herrschenden Klassen in Europa zu überwinden suchten. Dadurch wurde der Kontakt zu außereuropäischen Bevölkerungen erweitert. Andere Teile der Welt sollten in ein Handelssystem einbezogen werden. Eine Folge davon war die koloniale Besiedelungspolitik. Es kam zu Konkurrenzkämpfen um Ländereien, der Privatbesitz wurde eingeführt, die christliche Kirche missionierte und es bestand eine Nachfrage nach Arbeitskräften. In den durch die Drucktechnik im 16.Jahrhundert hergestellten Reiseberichten wurden die außereuropäischen Menschen oft sehr negativ dargestellt. Die Mehrheit dieser Beschreibungen enthielt abwertende Ausdrücke über die außereuropäischen Bevölkerungen. Die Hautfarbe wurde dabei zum Unterscheidungsmerkmal, an der die Abgrenzung erfolgte (vgl. Miles 1999, S. 29-35).

Nach der Entdeckung folgte die Besiedlung und die Einführung von Systemen unfreier Arbeit. Ziel war dabei, die natürlichen Ressourcen für die herrschenden Klassen des europäischen Feudalismus auszubeuten. Die Darstellungsformen von diesen außereuropäischen Bevölkerungen dienten den Europäern oft als Begründung und Rechtfertigung ihrer Vorgehensweise.(vgl. Miles 1999, S. 30-36)

Die Kolonialisierung verlief nicht einheitlich. Sie wurde gewöhnlich von blutigen Auseinandersetzungen, Zwangsarbeit und politischer Unterwerfung begleitet. In den Darstellungsformen der kolonisierten Bevölkerung wurden als Zeichen der Differenz die Hautfarbe, die Nacktheit und dass sie „Heiden", also keine Christen waren, genannt. Die Differenz lag also auf der physischen und auf der kulturellen Ebene. Diese Kennzeichen wurden als Rechtfertigung für eine Abwertung benützt. Aber im 18. Jahrhundert gab es auch die Darstellung vom edlen Wilden. Zu dieser Zeit beherrschte das milieutheoretische Argument den Diskurs. Dieser besagte, dass die Hautfarbe ursächlich durch das Klima bedingt sei und die unterstellte Faulheit wurde mit Verweis auf die Sonnenhitze erklärt. Der Afrikaner sei daher für die Arbeit in tropischen Klimaverhältnissen besonders geeignet. Diese Darstellungsformen bezeichneten damit keine festgelegten Eigenschaften (vgl. Miles 1999, S. 36-42).

Nach *Poliakov* entstanden zu der Zeit des 18.Jahrhunderts aber auch die ersten Rassentheorien. Es war das Zeitalter der Aufklärung, in dem der Ursprung des modernen Rassismus und auch seine Gegner zu finden sind. In der aufkommenden Anthropologie wurde die Menschheit wie auch das Tier- und Pflanzenreich klassifiziert. Der Mensch sah sich als Mittelpunkt der Schöpfung und als ihre vollkommenste Verwirklichung. Der Mensch wurde von Linné in sechs Hauptrassen aufgeteilt.

> *„Eine derartige Klassifizierung war verhältnismäßig ungenau und stützte sich sowohl auf kulturelle Kriterien (der Wilde) wie auch auf biologische (der Mißgestaltete). Aber sie brachte eine Hierarchisierung mit sich, und jede Gruppe nahm einen festgelegten Platz auf einer Skala ein, die vom Schreckenerregenden bis zum Vollkommensten reichte, vom Monstrum zum Europäer."* (Poliakov u.a.1992, S. 78, 79)

In dieser Formulierung mischten sich kulturelle und physische Gegebenheiten. Die Unterschiede zwischen den Menschen wären auf verschiedene Faktoren zurückzuführen wie die Hautfarbe, klimatische Einflüsse, die Polygenese des Menschen und dass die farbigen Rassen physisch und moralisch degeneriert wären.

> *„Die weiße Haut wurde auf diese Weise erhoben zur »... wahren natürlichen Farbe des Menschen, zum Vorbild oder zur Norm, auf die allen anderen Nuancen der Farbe oder der Schönheit zu beziehen sind.«. Die schwarze Farbe war also eine Entstellung, ein Zeichen der Degeneration im Hinblick auf die Norm und gleichbedeutend mit Minderwertigkeit."*(Poliakov u. a. 1992, S.80)

Auch Voltaires war der Ansicht, dass die Europäer an der Spitze der kulturellen und technischen Evolution der Menschheit stehen.

> *„Die Überlegenheit des Abendlandes über die anderen Völker der Erde, die ihren Ausdruck im Hang zur Versklavung und zum Kolonialismus fand, war also eine »natürliche« Sache. Daß die Neger in den Zustand von Sklaven versetzt wurden, war letzten Endes die unmittelbare und logische Folge dieses radikalen Gegensatzes zur Welt der Weißen."*(Poliakov u.a. 1992, S. 83)

Im 18. Jahrhundert kam es zu einer Trennung von Religion und Moral. Die Bewegung des Antikolonialismus in der intellektuellen Elite lehnte die Sklaverei hartnäckig ab. Zahlreiche

Schriften gegen den Menschenhandel erschienen, die aber nur bescheidene Ergebnisse erzielten. Der Zwiespalt ist unübersehbar.

> *„Die neue wissenschaftlich orientierte Geisteshaltung, die in dieser Zeit aufkam und gleichbedeutend mit Fortschrittsglauben war, neigte dazu, vornehmlich biologische Sachverhalte als bestimmend anzusehen. Anstelle der alten religiösen und kulturellen Klassifizierungen traten solche, die von der Beobachtung physischer Merkmale (Hautfarbe usw.) abgeleitet waren. Diese galten als unabänderlich und beeinflußten, wie man glaubte, das Verhalten der betreffenden Völker.* "(Poliakov u.a. 1992, S. 88, 89)

Diese neue wissenschaftliche Einstellung, die aus der physischen Anthropologie hervorging, hatte zur Folge, dass man die Geschichte aufgrund von Rassenkriterien neu interpretierte.

> *„Der Rassismus entsteht dadurch, daß man biologische Merkmale als Grund für dieses oder jenes Verhalten betrachtet. Es handelt sich dabei um eine Eigenheit der abendländischen Gesellschaft, die sich zur Erklärung der Unterschiede zwischen den Menschen und zur Rechtfertigung der Herrschaft bestimmter Gruppen über andere auf angeblich wissenschaftliche Daten stützt.* "(Poliakov u.a. 1992, S. 89)

Auch *Miles* widmet sich der Bedeutung der Wissenschaft bezüglich des Rassismus. Die Entstehung der »Rassen«-Idee im europäischen Denken im späten 18. Jahrhundert wurde von der wissenschaftlichen Forschung aufgenommen und mit einer begrenzten und präzisen Bedeutung versehen. Diese Idee verbreitete sich überall und wurde eine grundlegende Komponente imperialistischer Ideologien. „Rasse" bedeutete früher soviel wie Abstammung oder gemeinsame Herkunft. Identifiziert wurde damit eine Bevölkerung mit ihrem Ursprung und ihrer Geschichte (vgl. Miles 1999, S. 42-44).

Ab dem späten 18. Jahrhundert nahm die »Rassen«-Idee eine neue Bedeutung an. Unter „Rasse" verstand man jetzt einen biologischen Menschentypus und eine hierarchische Beziehung glaubte man nachweisen zu können. Alle Menschen, so glaubte man, gehören einer Rasse an, oder sind das Produkt verschiedener Rassen und haben rassenspezifische Charakterzüge. Die biologischen Charakterzüge jeder Rasse sind Bestimmungsmomente einer Reihe psychologischer und sozialer Fähigkeiten jeder Gruppe. Aufgrund dieser Fähigkeiten können die Rassen in eine Rangordnung gebracht werden (vgl. Miles 1999, S. 44)

Diese wissenschaftliche Behauptung stand im Gegensatz zur biblischen Interpretation, dass die menschliche Gattung eine Schöpfung Gottes war und durch die Abstammung von Adam und Eva sich die Homogenität der menschlichen Gattung herleitete. Um diesen Widerspruch aufzulösen wurde behauptet, Gott habe die menschliche Sündhaftigkeit durch Verdammnis bestraft, wobei die Nachfahren der Verdammten zum Beispiel durch schwarze Haut gekennzeichnet worden seien. Andere behaupteten, dass Umweltfaktoren die ursprüngliche biologische Form des Menschen abgewandelt hätten (vgl. Miles 1999, S. 45).

Ende des 18. Jahrhunderts kam man zu dem Schluss, dass Umweltfaktoren die physischen Merkmale nicht verändern können und dass unterschiedliche Menschenrassen schon immer existiert hätten und dass deren Hierarchie naturgegeben, unvermeidlich und unveränderlich sei. Einige Wissenschaftlicher waren der Ansicht, dass die menschliche Gattung in biologische Gruppen aufgespalten sei. Sie schlossen von der Größe des menschlichen Gehirns auf bestimmte Fähigkeiten und vermaßen Gehirne um die Unterschiede zwischen den „Rassen" festzustellen. Die Klassifikation der „Rassen" wurde nach Hautfarbe, Haare, Nase und Gewicht und Schädelform durchgeführt (vgl. Miles 1999, S. 45-47).

In der zweiten Hälfte des 19. Jahrhunderts war die menschliche Gattung in die Evolutionstheorie eingeordnet. Die Rassen-Idee wurde mit dem Argument beibehalten, dass jede „Rasse" auf der evolutionären Stufenleiter ihrem Rang nach plaziert werden könne. Diese Theorie wurde Sozialdarwinismus genannt und sprach von einem Überlebenskampf zwischen den verschiedenen menschlichen Rassen, in dessen Verlauf die Rassen mit weniger

Intelligenz und Befähigung zur Zivilisation verschwinden würden. Dies galt als Beweis für ihre naturgegebene Unfähigkeit zur Evolution (vgl. Miles 1999, S. 50).

> „Nach dem Zweiten Weltkrieg ging man allgemein davon aus, daß eine Konzeption von »Rasse«, die in der Vorstellung festgelegter Typologien wurzelt und auf bestimmten phänotypischen Merkmalen wie Hautfarbe und Schädelform beruht, wissenschaftlich nahezu bedeutungs- und nutzlos ist. Des weiteren zog man den Schluß, daß zwischen physischen (oder genetischen) und kulturellen Charakteristika kein Kausalverhältnis existiert. Kurz gesagt zeigte die Genetik, daß der »Rassen«-Begriff, so wie er von den Wissenschaftlern seit dem Ende des 18. Jahrhunderts definiert worden war, keinen wissenschaftlich verifizierbaren Bezugspunkt besaß (Boyd 1950, Montagu 1964,1972 zit. n. Miles 1999, S.51)."

Aber der Begriff der „Rasse" wurde trotzdem weiter verwendet, sowohl im Bereich der Wissenschaft wie auch in der Alltagssprache (vgl. Miles 1999, S. 52).

Auch *Poliakov u.a.* erwähnen den Sozialdarwinismus, die Schlussfolgerungen daraus zogen die Theoretiker des Antisemitismus. Ab dem 19. Jahrhundert wurden die Juden als eine minderwertige Rasse, die »semitische« angesehen. Die Erfolge der Juden erweckten Eifersucht, sodass durch bestimmte Autoren verkündet wurde, sie stellten eine Bedrohung für die abendländischen und christlichen Werte dar. Es brachen daraufhin in verschiedenen Ländern antisemitische Kampagnen aus. Die Juden wurden zum Sündenbock für politische Ereignisse. Die Nazis ergriffen zahlreiche Maßnahmen gegen die Juden und gingen während des Zweiten Weltkriegs zur systematischen Ausrottung über. Auch andere von ihnen als minderwertig bezeichnete Rassen wurden versklavt (vgl. Poliakov u.a. 1992, S. 111).

Was verstehen aber die Autoren unter den Begriffen Rasse und Rassismus?

Poliakov u.a. erwähnen zwei Bedeutungen des Ausdrucks "Rasse", die soziologische Bedeutung und die biologische Bedeutung.

> „1. Die soziologische Bedeutung: In diesem Falle bedeutet der Ausdruck eine Gruppe von Menschen, denen man einen gemeinsamen Ursprung und infolgedessen gemeinsame Züge - geistige wie körperliche - zuschreibt. In der Regel sind diese Merkmale, besonders wenn es sich um geistige handelt, bei der Rasse, der man sich selbst zugehörig glaubt, gut, bei anderen Rassen aber tadelnswert oder sogar verabscheuungswürdig; im Grunde geht es also darum, daß man das, was man von sich selbst oder einem anderen hält, auf seine eigene Gruppe oder andere Gruppen ausdehnt. Was man in Wirklichkeit auf diese Weise bezeichnet, ist eine politische oder kulturelle Gegebenheit, zum Beispiel eine Nation, die aber vom biologischen Standpunkt aus keinerlei Einheitlichkeit aufweist. *Was jedoch vom soziologischen Standpunkt aus zählt, ist der Glaube an einen gemeinsamen und besonderen Ursprung, ein Glaube, der häufig eine Haltung der Feindseligkeit oder Verachtung in Bezug auf eine andere Gruppe mit sich bringt - und eben das ist Rassismus."(Poliakov u.a. 1992, S. 12,13)*

Das Wort „Rasse" besitzt aber auch eine biologische Bedeutung.

> „In diesem Sinne ist die Rasse einfach eine sich selbst reproduzierende Population, die die Gene anderer Populationen gar nicht oder nur in geringfügigem Maße aufnimmt. Werden aber dennoch viele fremde Gene aufgenommen, wie das bei einer Invasion oder einer Einwanderung der Fall ist, kann sich eine neue Rasse bilden." (Poliakov u. a. 1992, S. 13)

Poliakov u.a. verwenden in ihrem Buch den Ausdruck "Rasse" in soziologischem Sinn.

Wie sieht der Rassist den Begriff der Rasse?

> „Die Rasse, von der er spricht, gleichgültig ob es sich im die seinige oder die eines anderen handelt, ist keineswegs eine Rasse; wenn er das Wort gebraucht, bezeichnet es eine bestimmte soziale Gruppe, die sich anhand ihrer kulturellen, sprachlichen,

religiösen, historischen usw. Züge identifizieren läßt, aber niemals anhand ausschließlich physischer Züge."(Poliakov u. a. 1992, S. 26)

Der Rassist ist nicht nachdenklich, er gebraucht lediglich einige vorgefasste Meinungen damit er seine eigene Rasse verherrlichen und die anderen verleumden kann, er kann sogar ihre Ausrottung damit rechtfertigen.

Der Rassismus hat den Ausgangpunkt in der Feststellung, dass die Menschen verschieden sind.

„Da die bezeichneten Unterschiede zwischen den Menschen kultureller und nicht biologischer Natur sind, läßt sich sagen, daß in Wirklichkeit der Rassist die Rasse erschafft, und daß das rassistische Denken der »Rasse« (im soziologischen Sinn) eine Wirkung zuschreibt, die diese in Wirklichkeit nicht besitzt, und die überhaupt erst durch die Behauptung der Rassisten selbst ins Leben gerufen wird." (Poliakov u.a. 1992, S. 29)

Der Rassismus ist daher keine Haltung, die durch einen Grund hervorgerufen wird.

„Er ist eine Haltung, die sich einen Grund »erschafft«, indem sie offensichtlich nur der Einbildung entsprungene rassistische Unterschiede erfindet, mit denen dann alle anderen eingebildeten oder tatsächlichen Unterschiede in Verbindung gebracht werden. Und das führt uns dazu, einen grundlegenden Unterschied zwischen Ethnozentrismus und Rassismus festzustellen.

Der Ethnozentrismus beruht auf der weitverbreiteten Einstellung, nämlich daß man sich für besser hält als die anderen."(Poliakov u.a. 1992, S. 37)

Der Ethnozentrismus ist eine allgemeine, in allen Gesellschaften vorhandene Einstellung, die noch keine aggressiven Absichten enthält.

„Damit der Ethnozentrismus zu Rassismus wird, ist es notwendig und ausreichend, daß in den Augen des Rassisten zu den objektiven Unterschieden ein nur in seiner Einbildung vorhandener Unterschied tritt: das notwendigerweise falsche Bewußtsein eines biologischen Unterschieds zwischen ihm und seinem Opfer. Und daraus folgt im gegebenen Fall der Wunsch, diese Unterschiede aus der Welt zu schaffen. Denn für einen Rassisten vom Typus Hitler ist der Mensch, der sich biologisch von mir unterscheidet, kein wirklicher Mensch, sondern ein Bastard - eine Mischung zwischen Tier und Mensch - kurz, ein Tier. Ich habe also das Recht, ihn zu töten, wenn es mir paßt; ich muß es sogar tun, wenn er mich bedroht. Die Ablehnung des Anderen genügt noch nicht, um Rassismus hervorzurufen, aber sie impliziert unvermeidlicherweise den Wunsch, den anderen zu erniedrigen."(Poliakov u.a. 1992, S.39)

Der amerikanische Soziologe Gordon W. Allport unterscheidet fünf Formen negativer Aktionsweisen zu denen das Rassenvorurteil führen kann:

„1. Verbale Angriffe (»antilocution«)

2. Das Sich-aus-dem -Wege-Gehen, das zur räumlichen Trennung führen kann; die »rassisierte« Gruppe wird dann in einem Ghetto eingeschlossen;

3. Diskriminierung: sie zielt darauf ab, die »rassisierte« Gruppe gewisser Rechte oder sozialer Privilegien zu berauben;

4. der direkte körperliche Angriff;

5. Ausrottung, die bis zum Genozid gehen kann"(Gordon W. Allport, *The Nature of Prejudice,* Anchor Books 1958, S. 14-15 zit. n. Poliakov u.a. 1992, S. 40)

Dabei gehen die Formen ineinander über.

Diese Aktionsweisen sind auch gegenüber Behinderten zu beobachten. Darüber möchte ich im Kapitel „Behinderung, Ausgrenzung und Rassismus" berichten.

Miles unter scheidet zwischen Rassismus als Ideologie und institutionellem Rassismus.

Die ursprüngliche Definition und Verwendung des Wortes Rassismus entstand durch das Zusammentreffen zweier Vorgänge:

„Zum einen unterminierte ...das ständige Anwachsen wissenschaftlichen Beweismaterials die Vorstellung von »Rassen« als naturgegebenen, getrennten und festgelegten Untergliederungen der menschlichen Gattung, deren jede ihre besonderen veränderlichen und unterschiedlichen kulturellen Merkmale und »zivilisatorischen« Fähigkeiten besitzt. Zum anderen gab es die Reaktion auf den Aufstieg des deutschen Faschismus und auf die (z.T. unter Berufung auf die Wissenschaft legitimierte) Verwendung der »Rassen«-Idee, mit der Hitler und die Nazipartei die Juden in Deutschland als fremde und minderwertige »Rasse« kennzeichneten (Maser 1966). Als die Verfolgung der Juden in Deutschland sich ausweitete (vgl. Buchheim u.a. 1965, Peukert 1982), entwickelte sich im übrigen Europa und in Nordamerika ein zunehmendes Bewußtsein für die Art und Weise, in der der »Rassen«-Diskurs benutzt wurde, um die im Genozid terminierende Ausgrenzung und Vernichtung der Juden und anderer Teile der deutschen Bevölkerung zu legitimieren..“(Miles 1999, S. 59

Es kam zu Auseinandersetzungen über den wissenschaftlichen Status des »Rassen«-Diskurses. Kritiker waren u.a. Huxlex und Haddon.

„»Der Rassismus ist ein Mythos und ein gefährlicher dazu. Es ist ein Deckmantel für selbstsüchtige ökonomische Ziele, die in ihrer unverhüllten Nacktheit häßlich genug aussehen würden« (ebd.: 287). Diesen Mythos des Rassismus erklärten sie als einen Versuch, den Nationalismus zu rechtfertigen.“(Miles 1999, S. 60)

Eine andere Kritikern, Benedict, bezeichnet den Rassismus als

„»Dogma, daß eine ethische Gruppe von der Natur zu angeborener Unterlegenheit verdammt, eine andere dagegen zu angeborener Überlegenheit auserkoren ist« (ebd.: 97). Von daher bezieht sich der Begriff des Rassismus auf eine Reihe von Aussagen, die dem wissenschaftlichen Beweismaterial zuwiderlaufen und mithin die Wissenschaft verneinen.“(Miles 1999, S. 62)

Montagu, ein weiterer Kritiker definiert den Rassismus als

„eine Ideologie die

behauptet, daß etwas namens »Rasse« der primäre Bestimmungsgrund für alle wichtigen Merkmale von Körper und Geist, von Charakter und Persönlichkeit, von Menschen und Nationen sei. Und es wird weiter behauptet, daß dieses Etwas namens »Rasse« ein fester und unveränderlicher Bestandteil des Keimplasmas sei, das, von Generation zu Generation weitergegeben, sich in jedem Menschen als typischer Ausdruck von Persönlichkeit und Kultur entfaltet.“(Montagu 1974: 14 zit. n.. Miles 1999, S. 62)

Der ursprüngliche Begriff des Rassismus und die Verwendung des Rassismus-Begriffes bezog sich auf eine bestimmte Ideologie, nämlich auf das Produkt wissenschaftlichen Denkens des späten achtzehnten und des neunzehnten Jahrhunderts. Alle früheren Darstellungsformen werden als Ethnozentrismus bezeichnet.

„So wird der Rassismus als Verfälschung dessen definiert, was die Wissenschaft über die Biologie des Menschen herausgefunden hat. »Der Rassismus behauptet fälschlicherweise, es gebe eine wissenschaftliche Grundlage dafür, Gruppen hierarchisch nach Maßgabe psychologischer und kultureller Merkmale anzuordnen, die unveränderlich und angeboren sind.« (Montagu 1972: 158). In Übereinstimmung mit Benedict umfaßt diese Definition jene Argumente, die irrigerweise annehmen, daß es eine Hierarchie von Menschengruppen gebe, deren jede sich auf naturgegebene und unvermeidliche Weise von den anderen unterscheide.“(Miles 1999, S .64)

Die vierte Unesco-Erklärung soll verhindern, dass der Rassendiskurs zu politischen Zwecken benützt wird.

„Die Erklärung vermerkt, daß sich der Inhalt des Rassismus durch den umfassenden Nachweis der Falschheit von Behauptungen, die menschliche Gattung setze sich aus einer Hierarchie biologisch unterschiedlicher Gruppen zusammen, verändert hat."(Miles 1999, S. 65)

Der Rassismus wurde damit als falsche Lehre entlarvt, aber man gestand bisweilen zu, dass die menschliche Gattung sich in »Rassen« gliedere (vgl. Miles 1999, S. 67).

In der Unesco-Erklärung von 1967 findet sich noch eine weitere Definition, die zu einer überdehnten Verwendung des Begriffes führte.

„Es ist dort die Rede von »antisozialen Auffassungen und Handlungen, die auf dem Fehlschluß beruhen, daß diskriminierende Beziehungen zwischen Gruppen biologisch begründet und gerechtfertigt werden könnten«" (Montagu 1972: 158 zit.n. Miles 1999, S. 69)

Die Logik dieser Überdehnung wurde in zwei Richtungen verfolgt. Als Rassismus wurden all diejenigen Vorgänge bezeichnet, die beabsichtigter oder unbeabsichtigter Weise in der fortgesetzten Ausgrenzung einer untergeordneten Gruppe resultieren. In der zweiten Richtung wurden als Rassismus all jene Aktivitäten und Praktiken definiert, die darauf abzielen, die Vorteile einer herrschenden Gruppen zu schützen und/oder die nachteilige Position einer untergeordneten Gruppe aufrechtzuerhalten oder zu verschärfen (vgl. Miles 1999, S. 69).

In dieser Arbeit möchte ich mich mit der Frage, wie es dazu kommt, dass Behinderte rassistischen Aktionsweisen ausgesetzt sind , beschäftigen. Dies wird in dem Kapitel „Behinderung, Ausgrenzung und Rassismus" diskutiert.

4. Behinderungen

a) Behinderung

Zunächst möchte ich mich dem Begriff der „Behinderung" zuwenden, da der Titel dieser Arbeit „Rassismus und Behinderung" lautet. Was versteht man unter dem Begriff der „Behinderung"? Dieser Begriff gehört zum festen Bestandteil der deutschen Sprache. Fast jeder hat eine Vorstellung, wenn er das Wort „behindert" hört. Dabei ist es wichtig zwischen Schädigung und Behinderung zu unterscheiden. Hier ist zunächst eine Klärung zentraler Begriffe notwendig (vgl. Hedderich 2006, S. 19, 20).

> „1. Körperfunktionen: physiologische Funktionen von Körpersystemen, einschließlich psychologischer Funktionen
> 2. Körperstrukturen: anatomische Teile des Körpers, Organe, Gliedmaßen und ihre Bestandteile
> 3. Schädigungen: Beeinträchtigungen einer Körperfunktion oder -struktur
> 4. Aktivität: Durchführung einer Aufgabe oder Handlung durch einen Menschen
> 5. Partizipation: Einbezogensein in eine Lebenssituation (Teilhabe)
> 6. Beeinträchtigungen der Aktivität: Schwierigkeiten bei der Durchführung einer Aktivität
> 7. Beeinträchtigungen der Partizipation: Probleme, die beim Einbezogensein in eine Lebenssituation erlebt werden
> 8. Umweltfaktoren: materielle, soziale und einstellungsbezogene Umwelt, in der Menschen leben." (WHO, zit. n. DIMDI 2004, 16; modifiziert, Hedderich 2006, S. 20)
> „Behinderung ist - nach dem Verständnis der ICF - ein Oberbegriff für Schädigungen auf der organischen Ebene (Körperfunktionen und Körperstrukturen), Beeinträchtigungen auf der individuellen Ebene (Aktivitäten) oder auf der gesellschaftlichen Ebene (Teilhabe). Die genannten Ebenen beeinflussen sich wechselseitig und stehen darüber hinaus in Wechselwirkung mit den Kontextfaktoren (Umweltfaktoren, personenbezogene Faktoren)."(Hedderich 2006, S. 21)

Bei den Behinderungsarten unterscheiden man Körperbehinderte, Geistigbehinderte, Hörgeschädigte, Blinde- und Sehbehinderte, Sprachbehinderte, Lernbehinderte und Verhaltensgestörte.

Ich möchte mich in dieser Arbeit besonders den Körperbehinderten zuwenden, da sie durch ihr äußeres Erscheinungsbild in der Öffentlichkeit meist auffallen und deshalb auch oft unter Ausgrenzung und rassistischen Reaktionsweisen zu leiden haben.

Natürlich sind die anderen Behinderten auch von dieser Problematik betroffen, besonders wenn ihre Behinderung deutlich sichtbar ist oder in bestimmten Situationen auffällt. Die vorgestellte Unterrichtseinheit ist deshalb auch für alle Behinderten gedacht und kann auch zusammen mit nichtbehinderten Schülern durchgeführt werden.

b) Körperbehinderung

Was versteht man unter einer Körperbehinderung?

> „ Körperbehinderung ist ein Beschreibungsmerkmal für einen Menschen, der infolge einer Schädigung des Stütz- und Bewegungsapparates, einer anderen organischen Schädigung oder einer chronischen Erkrankung in seiner Bewegungsfähigkeit und der Durchführung von Aktivitäten dauerhaft oder überwindbar beeinträchtigt ist, so dass die Teilhabe an Lebensbereichen bzw. -situationen als erschwert erlebt wird."
> (Hedderich 2006, S. 24)

Dies ist in der Regel verbunden mit einer sichtbaren Abweichung des äußeren Erscheinungsbildes im Vergleich zu Menschen ohne Körperbehinderung. Dies entspricht nicht der gesellschaftlichen Norm von Gesundheit und körperlicher Unversehrtheit und führt oft zu negativen Einstellungen.

> „Eine Einstellung ist ein stabiles System bestehend aus positiven oder negativen Bewertungen, gefühlsmäßigen Haltungen und Handlungstendenzen, die sich auf ein soziales Objekt beziehen." (Cloerkes 2001, 75 zit. n. Hedderich 2006, S. 24)

Körperbehinderungen lassen sich nach ihren Ursachen in drei große Gruppen einteilen.

1. Die häufigste Behinderung besteht in einer Schädigung der zentralen bewegungssteuernden Systeme des Gehirns oder des Rückenmarks, die größte Gruppe bilden dabei die cerebralen Bewegungsstörungen. Sie sind die Folge einer angeborenen oder frühkindlichen Hirnschädigung in der prä-, peri- und postnatalen Phase. Diese können zu motorischen Ausfallerscheinungen führen. Ersichtlich werden sie in einer abnormen Koordination der Muskelaktionen und in einem zu hohen, zu niedrigen oder wechselnden Muskeltonus. Wie schwer die Bewegungsbeeinträchtigung ist hängt von der Schwere und der Lokalisation der Schädigung ab (vgl. Fries 2005, S. 28, 29).

> „Zu den häufigsten Formen der infantilen Cerebralparese zählen Spastik (erhöhter Muskeltonus), Athetose (wechselnder Muskeltonus) und Ataxie (erniedrigter Muskeltonus).
>
> Viele Personen mit cerebralen Bewegungsstörungen sind mehrfachbehindert durch Seh- und Hörstörungen, Sprech- (und auch Sprach) störungen (insbesondere auch Dysarthrie) und durch kognitive Beeinträchtigungen."(Fries 2005, S. 29)

Querschnittslähmungen können aufgrund einer angeborenen Schädigung (Spina bifida, eine angeborene Fehlbildung des Rückenmarks, ein mangelhafter Verschluss des Wirbelkanals, oft auch gestörter Abfluss des Gehirnwassers, die Ursache ist unklar) oder einer erworbenen Schädigung (durch Unfall oder Erkrankung) vorhanden sein (vgl. Hedderich 2006, S. 31)
 Bei den Anfallsleiden (Epilepsien) ist der Anfall das Ergebnis einer Störung elektrisch-chemischer Vorgänge in den Nervenzellen des Gehirns. Man unterscheidet generalisierte Anfälle, bei denen beide Hirnhemisphären betroffen sind und partielle Anfälle, bei denen nur einzelne Hirnareale betroffen sind. Bei den generalisierten Anfällen gibt es Anfälle ohne deutliche Bewusstseinsstörung (Petit mal) und Anfälle mit Bewusstseinsverlust (Grand mal). Auch bei den partiellen Anfällen unterscheidet man zwischen einfachen Anfällen mit motorischen oder vegetativen Symptomen und komplexen sensomotorischen Anfällen mit Bewusstseinsstörung (vgl. Hedderich 2006, S. 31).

2. Bei einer weiteren Gruppe liegt eine Schädigung des Muskulatur oder des Skelettsystems vor.

> „Bei progressiven Muskeldystrophien oder und Muskelatrophien wird das Muskelgewebe fortschreitend bis zur Funktionsunfähigkeit abgebaut (wobei die progressive Muskeldystrophie vom Typ Duchenne im Kindes- und Jugendalter besonders häufig auftritt). Schädigungen des Knochengerüstes zeigen sich zum Beispiel in Fehlstellungen oder Versteifungen der Gelenke oder in Skoliosen (Schiefwuchs)." (Fries 2005, S. 29)

Zu erwähnen ist hier auch noch die Glasknochenkrankheit (Osteogenesis imperfecta). Hier liegt eine erhöhte erblich bedingte (Chromosomenveränderungen) Knochenbrüchigkeit vor. Auch die Dysmelie ist dieser Gruppe zuzuordnen. Hier bestehen Fehlbildungen der Gliedmaßen oder es fehlen Gliedmaßen. Ursachen sind medikamentöse Einwirkungen, Strahleneinwirkung und genetischen Störungen (vgl. Hedderich 2006, S. 31,32).

3. Alle weiteren Einschränkungen der Bewegungsorgane, die mittelbar auf eine chronische Erkrankung oder Fehlfunktion eines inneren Organs zurückzuführen sind werden zu den Körperbehinderungen gezählt (vgl. Fries 2005, S. 29).

Dazu zählen vor allem die rheumatischen Erkrankungen, bei denen es zu fortschreitenden Entzündungen der Gelenke kommt.

Bei Fehlbildungen des Herzens und Erkrankungen von Herz und Kreislauf ist die Belastbarkeit herabgesetzt.

Auch Hauterkrankungen wie allergische Reaktionen, Ekzeme, Neurodermitis und Schuppenflechte werden hier zugeordnet (vgl. Hedderich 2006, S. 32).

5. Behinderung, Ausgrenzung und Rassismus

In jeder Bevölkerung gibt es Behinderte. Sie wurden in der Literatur auch nicht als „Rasse"
bezeichnet. Wie kommt es dann, dass sie unter rassistischen Aktionsweisen zu leiden haben?
> „Das Auftreten von körperlicher Behinderung und chronischer Krankheit ist bis in die
> Frühgeschichte nachgewiesen."(Bergeest 2002, S. 50)

In Babylon hatte um 1700 v. Chr. der Vater das Recht missgebildete Neugeborene zu töten
oder auszusetzen. Im alten Ägypten wurde mit körperlich geschädigten Menschen wohl
überwiegend rücksichtsvoll umgegangen. Im antiken Griechenland dagegen wurden
körperlich geschädigte Neugeborene getötet oder ausgesetzt. Ähnliche Verhältnisse sind aus
Rom überliefert. Im alttestamentarischen Judentum wurde Körperbehinderung und Krankheit
als Strafgericht und Zuchtmittel Gottes mit dem Ziel der Läuterung verstanden. Das wurde
auch in das christliche Neue Testament übernommen. Die Einstellung gegenüber
körperbehinderten Menschen war durch das Gebot der Nächstenliebe und Barmherzigkeit
geprägt von der Spannung zwischen Ablehnung und Zuwendung. Im Mittelalter erhielten
körperlich geschädigte Kinder durch die Taufe eine ausdrückliche Existenzberechtigung und
Aufnahme in die christliche Gemeinschaft. In der Praxis erfolgt aber weiterhin eine
Ausgrenzung der Behinderten (vgl. Bergeest 2002, S. 51).

Zu Beginn der Neuzeit gewinnt der Mensch durch das humanistisch-reformatorische
Gedankengut ein neues Selbstverständnis und eine andere Einstellung zu seinem Körper. Die
körperbehinderten Menschen können dem neuen harmonischen Schönheitsideal nicht
entsprechen. Es kam zu einer neuerlichen Verfolgung durch Teufelsglauben und Hexenwahn.
Nach dem Dreißigjährigen Krieg gab es sehr viele Arme und körperlich Geschädigte, die in
Armen- und Krüppelhäusern leben mussten (vgl.Bergeest 2002, 52).

Während der Aufklärung und des Industriezeitalters gab es durch die industrielle Kinderarbeit
eine starke Zunahme an Personen mit Körperschäden. Anfang des 19.Jahrhunderts wurden
deshalb europaweit Heime für körperbehinderte Menschen gegründet, um sie unterzubringen,
zu rehabilitieren und pädagogisch zu fördern (vgl.Bergeest 2002, S. 52).

In der ersten Hälfte des zwanzigsten Jahrhunderts wurden Schulen und Vereine für
Körperbehinderte gegründet und ab 1920 gab es das erste Krüppelfürsorgegesetz.

Wegen der rassenpolitischen Ideologie der Nationalsozialisten ging es für die
körperbehinderten Menschen und ihre Angehörigen um einen Kampf gegen Entwürdigung
und ums Überleben. Das Gesetz „Zur Verhütung erbkranken Nachwuchses", das 1933
verabschiedet wurde, führte zur Zwangssterilisation vieler körperbehinderter Menschen. Im
Rahmen der „Euthanasie" begann man ab 1939 auch körperbehinderte Menschen zu töten.
Nach Protesten der Kirchenvertreter wurde sie offiziell 1941 beendet, inoffiziell in den
Konzentrationslagern jedoch weitergeführt durch Medikamentengabe und Mangelernährung.
Schätzungsweise 100 000 bis 200 000 behinderte Menschen fielen der „Euthanasie-Aktion"
zum Opfer (vgl. Bergeest 2002, S. 53).

Dies war die Folge von Rassismus als Ideologie. Das Vorgehen der Nationalsozialisten bei
der „Euthanasie-Aktion und erschütternde Beispiele mit Berichten von Patienten, die
zurückgeschickt wurden und deshalb überlebt haben findet man bei Klee, 1991: »Euthanasie«
im NS-Staat. Ich möchte später noch ausführlicher darauf eingehen.

Nach dem Zweiten Weltkrieg wurde über die Ereignisse im „Dritten Reich" in der Fachwelt
viele Jahre nicht berichtet. Es wurden wieder Schulen und Vereine für Körperbehinderte
gegründet. Ende des 20. Jahrhunderts wurden neue Gesetze zur Gleichstellung
körperbehinderter Menschen verabschiedet. 1981 war das „Internationale Jahr der
Behinderten" der Vereinten Nationen. Die Medien widmen behinderten Menschen die ihnen
gebührende Aufmerksamkeit, indem sie Berichte über die Betroffenen zeigen, was den

Tabubereich durchbrechen und die Schwelle der Stigmatisierung erhöhen soll. Es wurde 2001 ein umfangreiches Gesetzwerk verabschiedet (SGB IX), das die Gleichstellung der Betroffenen zum Ziel hat. Sie sollen nicht mehr nur Objekt der Fürsorge sein, sondern bei der selbständigen Lebensgestaltung unterstützt werden (vgl. Bergeest 2002, S. 53, 54).

Die Auseinandersetzung um die grundlegenden Wert- und Sinnfragen in Bezug auf behinderte Menschen führte zu einer neuen Diskussion um Lebensrecht und Selbstbestimmung behinderter Menschen. Diese Diskussion ist die Scheinlegitimation für eine „Neue Behindertenfeindlichkeit", die sich immer wieder in offenen Angriffen auf die Betroffenen äußert (vgl. Bergeest 2002, S. 54).

Behinderte und körperbehinderte Menschen hatten wohl immer einen Sonderstatus in der Gemeinschaft, sie wurden zum Teil akzeptiert oder auch abgelehnt. Die Ablehnung ging bis zur Aussonderung und Tötung. Eine Hauptrolle spielen dabei ökonomische Gründe. Je einseitiger der Körper in einer Gesellschaft unter dem Aspekt der Nützlichkeit und Verwertbarkeit gesehen wurde, um so ablehnender, aggressiver und vernichtender war die Einstellung gegenüber Körperbehinderten. Unfallfolgen und Kriegsverletzungen wurden dabei eher akzeptiert wie angeborene Missbildungen oder plötzliche starke Normabweichungen, für die die Gemeinschaft keine Erklärungen hatte. Es kommt dann zu Reaktionen auf das Unbegreifliche, Unfassbare denn dies wird als bedrohlich erlebt. Die Folge ist eine Angstbewältigungsstrategie. In allen Epochen werden in Schriften und Gesetzestexten abwertende Begriffe für körperbehinderte Menschen benutzt (vgl. Bergeest 2002, S. 49, 50).

Die Frage stellt sich nun, ob dieses Verhalten biologisch zu erklären ist. Eibl-Eibesfeldt, ein Verhaltensforscher schreibt dazu in seinem Buch „Die Biologie menschlichen Verhaltens" über die Bewahrung der Gruppenidentität:

> „Gruppen grenzen sich durch ihre Fremdenscheu voneinander ab. Zugleich erweisen sich die Gruppenmitglieder einander in einem Vertrauensverhältnis quasi-familial verbunden. Die bindende Vertrautheit der Gruppenmitglieder basiert neben der persönlichen Bekanntheit auch darauf, daß eigentlich alle mehr oder weniger nach gleichen Normen handeln und sich damit auch gegenseitig verstehen. Das heißt, daß das Verhalten des Partners in der Gruppe im Grunde recht gut voraussagbar ist."(Eibl-Eibesfeldt, 2004, S. 446)

Weiter bemerkt er dazu:

> „Die Gruppennorm wird verteidigt. Es gibt eine *normangleichende Aggression*, die sich gegen solche Gruppenmitglieder wendet, die in auffälliger Weise von der Gruppennorm abweichen. Diese normangleichende oder normerhaltende Aggression durchläuft verschiedene Eskalationsstufen, und zwar in allen Kulturen in sehr ähnlicher Weise. Sie führt schließlich zu einer Ausstoßungsreaktion, wenn der Abweichende sich nicht angleichen kann."(Eibl-Eibesfeldt 2004, S. 447)

Woher kommt die Ablehnung auf Normabweichungen? Dazu äußert er sich:

> „Die Ablehnung erfolgt ziemlich uneinsichtig., ja oft gegen besseres Wissen. Könnte es sein, daß wir auf Normabweichungen angeborenermaßen mit Abwehr reagieren? Zwei Mechanismen scheinen hier am Werke. Einer über Sollmuster (angeborene?), in denen gewissermaßen eine Idealvorstellung des körperlichen Menschenbildes der jeweiligen Menschengruppe vorgegeben ist: ein Schema, das uns den harmonisch gebauten kräftigen Menschenkörper mit ebenmäßigen Zügen als schön, Entstellungen und krankheitsbedingte Veränderungen dagegen als abstoßend, befremdlich erscheinen läßt. Erwachsene haben sich solche Schönheitsvorstellungen, und was grundsätzlich als edler Menschentypus gilt, darin sind sich, wenn wir die Kunst der Hochkulturen etwa Europas oder Asiens betrachten, die Menschen dieser Räume

ziemlich einig. Von diesem Typus gibt es natürlich rassenspezifische
Varianten."(Eibl-Eibesfeldt 2004, S. 451)
Wie wird hier der Begriff „Rasse" verwendet? Werden hier bestimmten Menschenrassen
bestimmte Vorstellungen unterstellt?
Eibl-Eibesfeldt beschreibt dann, dass diese normerhaltende Aggression auch im Tierreich zu
beobachten ist, wie bei Schimpansen oder bei anderen Wirbeltieren. Auf den Menschen
bezogen bemerkt er:

> „In der modernen pluralistischen Gesellschaft ist die normerhaltende Aggression eher
> störend. Gerade die Außenseiter tragen durch ihre künstlerischen und
> wissenschaftlichen Leistungen entscheidend zum Wohlergehen der Gemeinde bei.
> Eine Erziehung zur Toleranz im Sinne einer Verstehensbereitschaft, was nicht mit
> genereller Annahme jeder Art von Abweichung gleichzusetzen ist."(Eibl-Eibesfeldt
> 2004, S. 453)

Werden hier Außenseiter unter dem Aspekt ihres „Nutzwertes" gesehen?

> „Erziehung zur Toleranz und Akzeptanz der Behinderten, die ihr unverschuldetes Los
> ja nicht ändern können, ist allerdings eine Forderung, die man mit allem Nachdruck
> vertreten muß. Hier kann die Aufklärung über die Tatsache helfen, daß es sich bei der
> Neigung zu Intoleranz um eine angeborene Disposition handelt, die wir über Einsicht
> und Erziehung unter Kontrolle bringen müssen."(Eibl-Eibesfeldt 2004, S. 453)

Hier stellt sich die Frage, ob dann andere „Außenseiter" ihr „Los" verschuldet haben. Erfolgt
mit dem Begriff der Schuld nicht schon eine Abwertung?
Dementsprechend wird die Arbeit der Lorenzschen Schule, zu der Eibl-Eibesfeldt gehört von
Poliakov u.a. kritisiert.

> *Man ist heute der Ansicht, daß es zwei Arten von Aggressivität gibt. Die erste ist eine*
> *Reaktion auf eine Bedrohung des Lebens - wir würden das »legitime« Verteidigung*
> *nennen. Diese Reaktion ist tatsächlich instinktiv. Die zweite Art dagegen ist*
> *willkürlich und offensiv; daher findet sie sich nicht bei den Tieren, sondern einzig und*
> *allein beim Menschen.* Und das beweist, daß sie sozialer und historischer Natur ist,
> denn der Mensch ist das einzige Lebewesen, das in sich historisch entwickelnden
> Gesellschaften lebt."(Poliakov u. a. 1992, S. 149)

Unbestritten wurden Behinderte im Laufe der Geschichte immer wieder ausgegrenzt und in
speziellen Einrichtungen untergebracht. Dadurch konnten sie nicht in vollem Umfang am
Leben in der Gemeinschaft teilnehmen. Sie verbringen oft einen Großteil ihres Lebens in
einem Pflegeheim oder in einer entsprechenden Einrichtung. Diese Dienstleistungsarbeit in
den sozialen Einrichtungen richtet sich immer gleichzeitig auf zwei Dimensionen, zum einen
auf den Klienten und zum anderen auf gesellschaftliche Ordnungswerte, auf die Gewährung
eines Normalzustandes. Der Soziologe Olk bemerkt dabei, dass klinische und soziale
Institutionen dazu beitrügen, dass gesellschaftliche Räume befriedet werden, indem
Kriminalität, Verwahrlosung, Krankheit, Leiden und Tod aus dem öffentlichen Raum
verschwinden.

> „Das Verhältnis von Gesellschaft und ihren (sozial-)pädagogischen oder klinischen
> Institutionen kann so verstanden werden, dass das Verrückte, Unmündige, Kranke und
> Üble ausgesondert wird, um es daran zu hindern, die Gesellschaft zu (zer)stören.
> Kulturtheoretisch betrachtet steht die Gewalt in den entsprechenden Institutionen in
> einem Zusammenhang mit der Angst, die von den Trägern der Krankheit, der
> Verrücktheit und des Übels ausgeht."(Gröning 2006, S. 97)

Weiter bemerkt Gröning dazu:

> „Kranke, Alte, Sterbende, Verrückte und Behinderte sind Angstquellen für die
> Gesunden. Sie werden vermieden, nicht zuletzt, weil in der Begegnung mit ihnen, den

Alten, Sterbenden, unheilbar Kranken Urvertrauen erschüttert wird." (Gröning 2006, S.97)

Dabei gilt Angst nicht nur der Krankheit sondern auch der Phantasie über das Böse, das sich in der Krankheit verbirgt. Lange Zeit bestand daher für die Menschen eine Verknüpfung von Krankheit und Schuld. Diese traditionelle Angst ist immer noch gegenwärtig. Dies ist für allem für soziale und pflegerische Berufe von Bedeutung, die mit Krankheit und Tod konfrontiert werden und deren Urvertrauen dadurch immer wieder erschüttert wird. In dem Umgang mit dieser Angst liegt eine strukturelle Gewaltquelle, die nur durch gute Bindungen ausgehalten werden kann. Wird der Klient nur sachlich gesehen, so wird er als bemächtigend erlebt, als Übergriff auf die persönliche Autonomie und dies löst Stressgefühle aus, und es wird versucht, diese durch das Rauchen zu bewältigen. Je zweckrationaler eine Institution organisiert ist, desto mehr wächst das strukturelle Gewaltpotential, es kommt zu Stressreaktionen wie Grobheiten, Strenge Fehlleistungen und zu emotionaler Unberührbarkeit, da es an den „Ritualen der guten Bindungen" fehlt. In Institutionen wie Kinderheimen, Fürsorgeeinrichtungen, Kliniken usw. sind Spaltungen und eine strukturelle „Seelenblindheit" der Beschäftigten zu beobachten, die sich dem Ideal der Sachlichkeit hingeben. Dabei können sie die Lage der ihnen Anvertrauten nicht verstehen und sich nicht einfühlen. Außerdem kommt es nach Goffmann auch noch zu Gewalt, die der Entehrung dient. Dies äußert sich in sozialer Distanzlosigkeit in der Ansprache und im Umgang mit den Klienten. Dadurch verändern die Anvertrauten ihre Identität indem sie darauf reagieren und eine sogenannte „Anstaltsidentität" annehmen (vgl. Gröning 2006, S. 97-99).

Hier wird offensichtlich welche Probleme zwischen Behinderten und Nichtbehinderten durch die Behinderung entstehen können. Aber auch die Behinderten sind untereinander gegenseitig betroffen. Ich erinnere mich noch an eine Unterrichtsstunde, ich habe gerade Mathematik erteilt, als eine Schülerin der Klasse plötzlich einen epileptischen Anfall (Grand mal) hatte. Nachdem der Anfall vorbei war und sie sich zum Ausruhen hingelegt hatte, saßen die Mitschüler blass auf ihren Stühlen und erklärten mir, sie hätten sich so erschrocken, dass ihnen jetzt schlecht wäre und sie befürchteten jetzt ebenfalls umzufallen. Es dauerte eine ganze Weile, bis sie sich wieder beruhigt hatten (zum Glück ist dann doch keiner umgefallen). Wir haben uns dann über die Behinderung der Epilepsie unterhalten, damit sie ihr Erlebnis besser verarbeiten konnten. Wie man an diesem Beispiel sieht, kann eine Behinderung bei anderen Menschen körperliche Reaktionen und auch Stress auslösen. Das ist für die Behinderten selbst wie auch für die sie umgebenden Personen ein Problem. Dieses Problem, wenn man sich die Geschichte betrachtet, hat wohl in allen Gesellschaften existiert, nur die Art und Weise, wie damit umgegangen wurde, war wohl sehr unterschiedlich. Und dies hatte massive Auswirkungen für die betroffenen Behinderten. Die Folgen bestanden oft in Ausgrenzung oder sogar in Tötung.

Behinderte wurden während der Zeit des Nationalsozialismus und werden auch noch heute Opfer rassistischer Übergriffe.

Wie konnte es dazu kommen, dass durch rassistische Übergriffe so viele behinderte Menschen ihr Leben verloren? Die Diskussion begann schon lange vor der Zeit des Nationalsozialismus. Es war die Diskussion um Sterbehilfe, Tötung auf Verlangen und „Vernichtung lebensunwerten Lebens", die sich von 1890 bis 1930 hinzog und dabei entwickelte sich der Begriff der „Euthanasie" zum Synonym für die schmerzlose Tötung Sterbender, unheilbar (psychisch) Kranker und (geistig) Behinderter. Wenn der Begriff „Vernichtung lebensunwerten Lebens" fiel, war in der Euthanasie die Tötung schwacher und kranker, körperlich missgebildeter und geistig behinderter Neugeborener gemeint. Als Gründe für die Euthanasie wurden angesehen: die Maßnahme zur Erbpflege, Mitleid und Kostenersparnis.

Der Gedanke, Neugeborene, die an erblichen Krankheiten oder Behinderungen litten, nach der Geburt zu töten. wurde bereits um 1860 von Haeckel erwähnt, der die Ideen des naturalistischen Monismus vertrat, einer auf dem Darwinismus aufgebauten Natur-Moralphilosophie. Um 1890 wurden von Ploetz die Grundzüge der Rassenhygiene entworfen, die Euthanasieidee nahm dadurch eine festere Gestalt an (vgl. Schmuhl 1987, S.355, 356) Die Rassenhygiene stützte sich auf die Theorien des Sozialdarwinismus, nach denen das Gesellschaftsgeschehen auf Naturgesetzen beruhte. Ihr Schluss ging von der Natur auf die Gesellschaft und von der Gesellschaft auf die Natur (Evolutions- und Selektionstheorie). Der Sozialdarwinismus verstand sich als eine Naturlehre der Gesellschaft. Aufgrund der Selektionstheorie stellten die Rassenhygieniker die These auf, dass der Fortschritt der humanen Phylogenese davon abhängig war, dass das Selektionsprinzip zum Tragen kam. Die Rassenhygieniker behaupteten, dass die Züchtung eines „Übermenschen" möglich sei.

> „Dem rassenhygienischen Paradigma war eine Radikalisierungstendenz immanent: Bei der Realisierung der rassenhygienischen Programmatik konnten die Züchtungsziele - ... - immer höher geschraubt werden, was zwangsläufig zu einer Verschärfung der gesellschaftlichen Auslese und >Ausmerze< führen mußte."(Schmuhl 1987, S. 357)

Auf der Grundlage bioorganischer Sozialtheorien entwickelte die Rassenhygiene einen Antiindividualismus, der Wert des einzelnen Menschenlebens gegenüber der Volksgemeinschaft wurde relativiert.

> „Diese Tendenz wurde dadurch verstärkt, daß die Darwinsche Evolutionstheorie die Grenzen zwischen *regnum animale* und *regnum humanum* aufgeweicht hatte, so daß - neben den farbigen Menschenrassen - der Typus des >dégénéré< zum >Untermenschen< herabgewürdigt werden konnte."(Schmuhl 1987, S. 357, 358)

Es kam zu einem gesellschaftlichen Wandel auf ideologischer Ebene, der durch Rassenhygiene und Sozialdarwinismus beeinflusst war. In der Medizin fand das rassenhygienische Paradigma zunehmend Beachtung.

> „Das theoretische Konstrukt der >Volksgesundheit< implizierte eine Umorientierung von der kurativen zur präventiven Medizin. Indem der >Volkskörper< zum Objekt der Therapeutik erklärt wurde, kehrte sich das individuelle Recht auf Gesundheit um in eine kollektive Pflicht zur Gesundheit. Da >Volksgemeinschaft< als >Leistungsgemeinschaft< definiert wurde, kam es zusehends zu einer Gleichsetzung von Gesundheit und Leistungsfähigkeit, Krankheit und Leistungsminderung. Diese Tendenzen, die als Hauptmerkmale der Medizin im Nationalsozialismus angesehen werden, zeichneten sich lange vor Anbruch des >Dritten Reiches< ab. Gleichzeitig mit dem Eindringen rassenhygienischer Ideen in Wissenschaftsfelder, die - wie die Biologie, Anthropologie oder Medizin - im Rezeptionsbereich des Darwinismus lagen, vollzog sich die politische Implementierung rassenhygienischer Programmpunkte."(Schmuhl 1987, S. 359)

Mit der Machtergreifung der Nationalsozialisten setzte ein Radikalisierungsprozess ein, der dazu führte, dass die rassenhygienisch induzierte Sterilisierung im Deutschen Reich ein beispielloses Ausmaß erreichte, andrerseits erfolgte der Übergang von der Verhütung zur Vernichtung „lebensunwertes Lebens". Diese „Vernichtung lebensunwerten Lebens", der Hunderttausende von Menschen zum Opfer fielen, bildete die Vorstufe zu >Endlösung der Judenfrage<.

> „Die Mechanismen, die in der Ära des Nationalsozialismus zur Radikalisierung des rassenhygienischen Programms von der Sterilisierung zur >Euthanasie< führten, können auch auf die sich allmählich verschärfende Ausgrenzung von >Fremdvölkischem< und >Gemeinschaftsfremden< im >Dritten Reich< übertragen werden. Insofern stellt die Genesis der >Euthanasie< ein Modell der

nationalsozialistischen Vernichtungspolitik dar. Am Wendepunkt von der Verfolgung zur Vernichtung verflochten sich die verschiedenen Stränge der Vernichtungspolitik, wobei der >Euthanasie< eine Vorreiterrolle zufiel. In der unmittelbaren Vorgeschichte der >Endlösung der Judenfrage< nahm die >Euthanasieaktion< breiten Raum ein. Über weite Strecken wirkte der Holocaust wie eine ins millionenfache gesteigerte Euthanasiepraxis. Die >Euthanasie< stand im Mittelpunkt einer umfassenden Vernichtungspolitik, mit der das nationalsozialistische Regime eine >Endlösung der sozialen Frage< herbeizuführen versuchte."(Schmuhl, 1987, S. 370)

Wie in diesem Kapitel geschildert, waren Behinderte immer in der Gefahr ausgegrenzt oder gar getötet zu werden. Die Art und Weise, wie mit dem Problem der Behinderung umgegangen wurde, war je nach Gesellschaft unterschiedlich. Durch die neue wissenschaftlich orientierte Geisteshaltung im späten 18. Jahrhundert kam die Rassenidee auf, infolgedessen wurden von Ploetz um 1890 die Rassenhygiene entworfen. Mir erscheint die Rassenhygiene wie der Missbrauch wissenschaftlicher Erkenntnisse. Indem diese Theorie als Ideologie von der Gesellschaft übernommen wurde, hatte dies tödliche Folgen für viele Menschen. So wurden die Behinderten Opfer von Rassisten, weil sie sich von ihren Mitmenschen durch die Behinderung unterschieden, also von ihnen nicht mehr als vollwertiger Mensch angesehen wurden, und deshalb waren die Rassisten der Ansicht sie töten zu dürfen, ja, sie wurden als eine Belastung für die Allgemeinheit angesehen, die zu beseitigen war.

Die Frage ist nun, ob Behinderte auch heute noch Opfer rassistischer Übergriffe werden. Unter dem Begriff „Neue Behindertenfeindlichkeit" werden verschiedene Phänomene zusammengefasst. Dazu gehören auch aggressive Akte gegenüber Behinderten von tätlichen Beleidigungen bis hin zu schweren Körperverletzungen. Die Täter kommen oft aus der rechtsradikalen „Szene" und äußern dabei Parolen, die zum „Gedankengut" rechtsextremistischer Ideologien gehören. Die Ursache ist in einem veränderten Meinungsklima zu sehen, nach dem Behinderte ausgegrenzt und aus dem gesellschaftlichen Leben ausgeschlossen werden sollen. Sparpolitische Tendenzen reiner Kosten-Nutzen-Analysen führen dazu, dass gerade behinderte Menschen als kostenverursachende Störfälle in der Gesellschaft aufgefasst werden (vgl. Forster 2002, S. 9,10).

> „Im Zentrum aller rechtsextremen Doktrinen steht die strikte Verneinung des Prinzips menschlicher Fundamentalgleichheit..."(Backes, 1993, zit. n. Forster 2002, S.13)
> „ und dazu gehören dann auch Antiegalitarismus, etwa in den Formen des Antisemitismus und Rassismus, darüber hinaus auch der Glaube an biologische und sozialdarwinistische Theorien. Das Bundesministerium des Inneren führt im Verfassungsschutzbericht für das Jahr 1998 dazu folgendes aus: die rechtsextremistische Ideologie"(Forster 2002, S. 13)
> „wurzelt in nationalistischem und rassistischem Gedankengut. Sie wird von der Vorstellung bestimmt, allein die ethnische Zugehörigkeit zu einer Nation oder Rasse mache den Wert eines Menschen aus. Da diesem Kriterium nach rechtsextremistischem Verständnis auch die Menschenrechte untergeordnet sind, lehnen Rechtsextremisten das - für jedes Individuum geltende - universale Gleichheitsprinzip ab."(Bundesministerium des Inneren 1999, zit. n. Forster 2002, S. 13.)

Gerade Jugendliche in Identitäts- und Orientierungskrisen, denen Arbeitslosigkeit und Verarmung droht und die nicht mehr durch stabile Gruppen abgefangen werden, verwenden rechtsextreme Muster als Stütze.

> „Rechtsextreme Orientierungen und speziell die damit oft verbundene Gewaltbereitschaft bieten dem Individuum hier das Modell einer eindeutigen Identität,

das es ihm erlaubt, die Ambivalenz des modernen Lebens unter Kontrolle zu bringen und das Zweideutige auszuschließen."(Baumann 1996, zit. n. Forster 2002, S. 18)
Gewaltausübung kann in diesem Zusammenhang die Funktion einer „Droge" haben.

> „Die Faszination von Gewalt, die dann auch in die Lust an der eigenen Gewaltausübung umschlagen kann, ist ja ein wichtiger Bestandteil rechtsextremer Orientierungen. Aggression als grundsätzlich biologisches Reaktionsmuster wird zur Durchsetzung narzisstischer Ziele verwendet und wird dann zu einer in sich befriedigenden und den Selbstwert steigernden Aktion."(Forster 2002, S. 18,19).

Diese Gewaltausübung erscheint als wichtiges Sozialisationsmittel und als identitätsstiftendes Symbol von Peer-groups aus dem rechtsextremen Bereich. Solche Gewalt richtet sich gegen schwache gesellschaftliche Minderheiten und Randgruppen mit geringem Sozialprestige (vgl. Forster 2002, S. 19).

Der Verfassungsschutzbericht für das Jahr 1998 bezeichnet die rechtsextremistischen Skinheads als die größte Gruppe innerhalb der gewaltbereiten Rechtsextremisten. Insgesamt wurde vom Verfassungsbericht Ende 1998 die Anzahl der gewaltbereiten Extremisten auf ca. 8200 geschätzt. Es ist allerdings nicht ganz klar wie diese Anzahl ermittelt wurde (vgl. Forster 2002, S. 23)

Wie begründen nun diese Rechtsextremisten ihre Behindertenfeindlichkeit? Sie beziehen sich dabei auf eine imaginäre Gemeinschaft, als deren Vertreter sie handeln würden, diese Gemeinschaft, die behinderte Menschen nicht gebrauchen kann und der sie nur zur Last fallen. Sie wissen jedoch wohl, dass diese Allgemeinheit sich nicht in der Legitimation durch eine real existierende Gemeinschaft ausdrückt (vgl. Forster 2002, S. 42, 43).

Der rechtsradikale Gewalttäter erwartet dabei, dass er für seine Taten bei bestimmten Personengruppen in der Gesellschaft Zustimmung, Akzeptanz und Verständnis findet. Die Taten werden von den handelnden Personen dabei als „richtig" angesehen (vgl. Forster 2002, S. 48, 49).

Behindertenfeindliche Gewalt ist aber nie aus Begründungen im weitesten Sinne ableitbar. Es ist auch anzunehmen, dass die Gewaltbereitschaft auch ohne diese Begründungen allein schon vorhanden wäre. Die Behindertenfeindlichkeit gehört nicht zur offiziellen Politik der Bundesrepublik und diese Haltung wird auch nicht von den politischen Organisationen oder Einrichtungen vertreten. Auch in der Kultur der Gegenwart kann man behindertenfeindliche Strömungen weniger als in anderen Zeitaltern beobachten. Man kann auch keine geistigen Strömungen ausmachen, die Behinderten generell das Lebensrecht absprechen, ihnen das Recht auf Unterstützung durch die Mitmenschen versagen oder Gewalt gegen Behinderte rechtfertigen (vgl. Forster 2002, S. 51, 52).

Wie ist es daher möglich, dass es auch heute noch zu rassistischen Aktionsweisen kommt und unterscheidet sich der Rassismus von heute von Rassismus früherer Zeitalter?

Wie gehen die rechtsextremistischen Täter dabei vor?

Die Rechtsextremisten benützen dabei das Prinzip der sozialen Stigmatisierung.

> „Unter »Stigma« sind grundsätzlich in Gesellschaften in Umlauf befindliche Wissensbestände über Personen und Personengruppen zu verstehen,"(Forster 2002, S. 68)
> „von denen angenommen wird von den gerade geltenden Normalitätsvorstellungen in einer nicht mehr tolerierbaren, persönlich anzulastenden Weise abzuweichen."(Stallberg 1998, zit. n. Forster 2002, S. 68)
> „Stigmata sind gekennzeichnet durch negative Einschätzungen eines Merkmals oder Verhaltens und diese Einschätzungen treten in Form von Stereotypen und Klischees auf, die eine differenzierte und positivere Sicht von vornherein unmöglich machen. Dieses gesellschaftlich entwickelte Stigma wird auf eine Personengruppe übertragen und tritt dann als kollektives Stigma auf . Bestimmte Personen werden dann in eine

Kategorie zusammengefasst (die Behinderten, die Ausländer) und die darunter fallenden Menschen werden typisiert."(Frey 1983, zit. n. Forster 2002, S. 68)
„Die Folge von Stigmatisierung ist in der Regel eine soziale Distanz im Sinne von Interaktionsverweigerung. Die Bereitschaft zur Abgrenzung und Diskriminierung wird dadurch verstärkt. Dazu gehört, dass Stigmatisierung ein sich selbst verstärkender Prozess ist. Eine Person, die als stigmatisiert identifiziert wird, wird in allem Verhalten und in ihrer ganzen Erscheinung im Sinne des Stigmas interpretiert, so dass alle ihre Aktivitäten von vorneherein unter dem Horizont des Stigmas erfahren werden. Sie wird also nicht mehr ausgeschlossen, weil sie sich anders und »fremd« verhält, sondern sie wird als sich anders und »fremd« verhaltend erlebt, weil sie ausgeschlossen worden ist."(Forster 2002, S. 69)
Das versteht man unter Ächtung. Wird eine Personengruppe geächtet, bedeutet das, dass sie nach öffentlichem Urteil jedes Verständnis für ihr Tun und jede Rücksichtnahme auf Lebensumstände verwirkt hat. Die stigmatisierte Person wird aufgrund ihrer Ächtung nicht als kommunikations- oder diskursfähig ausgezeichnet, eine Auseinandersetzung mit ihren geäußerten Wünschen, Meinungen und Stellungnahmen erscheint von vorneherein als nicht nötig (vgl. Forster 2002, S. 69).
„Rassismus kann grundsätzlich als ein Ausgrenzungsdiskurs beschrieben werden, der auf gedanklicher, rationaler Ebene Begründungen bzw. Rechtfertigungen für den Ausschluss bestimmter Gruppen für deren Ausschließung aus dem gesellschaftlichen Leben bzw. aus der Gesellschaft überhaupt bereitstellt."(Hall 1989, zit. n. Forster 2002, S. 70)
Rassismus ist hier keine individuelle Einstellung, sondern als eine Eigenschaft von Diskursen zu verstehen. Menschen werden hier in solche eingeteilt, die dazugehören, und solche, die nicht dazu gehören. Der rassistische Diskurs ist aber auch die Konstruktion »des Anderen«, das als bedrohlich, weil den Bereich des Vertrauten sprengend erfahren wird (vgl. Quensel 1993, zit. n. Forster 2002, S. 70).
In weiten Kreisen wird heute eingesehen, dass die Differenzierung von Menschen nach Merkmalen genetischer Variation unhaltbar ist. Deshalb könnte man heute von einem Rassismus ohne Rassen sprechen. Thema dieses Rassismus ist nicht mehr die biologische Vererbung, sondern die Unaufhebbarkeit der kulturellen Differenzen. Kultur wird als eine natürliche Eigenschaft und als eine unveränderliche Größe bestimmt (vgl. Jäger 1991, Balibar 1990, Gerhard 1992, Kalpaka 1990, zit. n. Forster 2002, S. 71, 72).
„Die Ausschließung des Anderen aufgrund bestimmter, »natürlicher« und unveränderlicher Merkmale ist hier augenfällig auf die Ausgrenzung aufgrund einer Behinderung zu übertragen. Der Behinderte kann innerhalb dieses Diskurses aufgefasst werden als ausgestattet mit Besonderheiten, die ihn in Analogie zu den Angehörigen einer fremden Kultur als so anders auffassen lassen, dass ausschließende Praktiken zur Anwendung kommen. Der Begriff des Rassismus kann insofern für jede Form von Fremdenfeindlichkeit angewandt werden, wobei der Begriff des »Fremden« nicht auf den des Ausländers beschränkt werden muss. Entscheidend ist vielmehr, dass die genetisch oder kulturell begründete Ablehnung des Fremden stets zur Praxis der Ausschließung führt."(Jäger 1991, zit. n. Forster 2002, S. 72)
Nach dieser Ideologie führt die biologische Determiniertheit, die sich auch in Behinderung äußern kann zu kulturellen Besonderheiten und die Abgrenzung davon ist das zentrale Anliegen der rechtsextremistischen Ideologie. Bei dem Begriff der Rasse oder der kulturellen Einheit einer Gemeinschaft handelt es sich um eine erfundene Gemeinschaft. Es geht hier darum sich abzugrenzen, eine Identität herzustellen und sich zu stabilisieren.
Sowohl für Rassismus als auch für Behindertenfeindlichkeit ist festzustellen, dass es sich um Anwendung einer Ausschlusspraxis handelt. Die Behinderten werden als auszuschließende

Randgruppe konstituiert, um dann als Objekte von Gewaltbereitschaft und Gewaltanwendung gesehen werden zu können (vgl. Lenz 1994, Althoff 1998, zit. n. Forster 2002, S. 73).
Es stellt sich nun die Frage wie man gegen die behindertenfeindliche Gewalt vorgehen kann. Dies soll nun in den nächsten beiden Kapiteln erörtert werden.

6. Perspektiven des Vorgehens gegen Rassismus und behindertenfeindliche Gewalt

a) Gesetzliche Regelungen und Strafrecht

Gesetzliche Regelungen, Strafrecht und Erziehungswesen wurden bisher vorwiegend eingesetzt um der rechtsextremistischen Gewalt Einhalt zu gebieten.

Bei den gesetzlichen Regelungen ist hier an erster Stelle das Grundgesetz zu nennen. Dazu möchte ich Artikel 1 des Grundgesetzes für die Bundesrepublik Deutschland zitieren:

> „[Menschenwürde; Grundrechtsbindung der staatlichen Gewalt]
>
> (1) Die Würde des Menschen ist unantastbar. Sie zu achten und zu schützen ist Verpflichtung aller staatlichen Gewalt.
>
> (2) Das Deutsche Volk bekennt sich darum zu unverletzlichen und unveräußerlichen Menschenrechten als Grundlage jeder menschlichen Gemeinschaft, des Friedens und der Gerechtigkeit in der Welt.
>
> (3) Die nachfolgenden Grundrechte binden Gesetzgebung, vollziehende Gewalt und Rechtsprechung als unmittelbar geltendes Recht.
>
> Artikel 3
>
> [Gleichheit vor dem Gesetz; Gleichberechtigung von Männern und Frauen; Diskriminierungsverbote]
>
> (1) Alle Menschen sind vor dem Gesetz gleich.
>
> (2) Männer und Frauen sind gleichberechtigt. Der Staat fördert die tatsächliche Durchsetzung der Gleichberechtigung von Frauen und Männern und wirkt auf die Beseitigung bestehender Nachteile hin.
>
> (3) Niemand darf wegen seines Geschlechts, seiner Abstammung, seiner Rasse, seiner Sprache, seiner Heimat und Herkunft, seines Glaubens, seiner religiösen oder politischen Anschauungen benachteiligt oder bevorzugt werden. Niemand darf wegen seiner Behinderung benachteiligt werden." (GG 1999, S. 13)

Weiter sind hier die Menschenrechte zu nennen, die in Artikel 1 erwähnt werden. Die allgemeine Erklärung der Menschenrechte wurde am 10. Dezember 1948 verabschiedet.

> „Artikel 1
>
> Alle Menschen sind frei und gleich an Würde und Rechten geboren. Sie sind mit Vernunft und Wissen begabt und sollen einander im Geiste der Brüderlichkeit begegnen.
>
> Artikel 2
>
> Jeder hat Anspruch auf alle in dieser Erklärung verkündeten Rechte und Freiheiten, ohne irgendeinen Unterschied, etwa nach Rasse, Hautfarbe, Geschlecht, Sprache, Religion, politischer oder sonstiger Anschauung, nationaler oder sozialer Herkunft, Vermögen, Geburt oder sonstigem Stand.
>
> Des weiteren darf kein Unterschied gemacht werden auf Grund der politischen, rechtlichen oder internationalen Stellung des Landes oder Gebietes, dem eine Person angehört, gleichgültig ob dieses unabhängig ist, unter Treuhandschaft steht, keine Selbstregierung besitzt oder sonst in seiner Souveränität eingeschränkt ist.
>
> Artikel 3
>
> Jeder hat das Recht auf Leben, Freiheit und Sicherheit der Person.
>
> Artikel 7
>
> Alle Menschen sind vor dem Gesetz gleich und haben ohne Unterschied Anspruch auf gleichen Schutz durch das Gesetz. Alle haben Anspruch auf gleichen Schutz gegen

jede Diskriminierung, die gegen diese Erklärung verstößt, und gegen jede Aufhetzung
zu einer derartigen Diskriminierung."(Fritzsche 2004, S. 207,208)
Speziell zum Schutz Behinderter sind noch die folgenden Gesetze zu erwähnen:
„Gesetz zur Gleichstellung behinderter Menschen vom 27.4.2004
(Behindertengleichstellungsgesetz - BGG 2002)
Sozialgesetzbuch (SGB) Neuntes Buch (IX) - Rehabilitation und Teilhabe behinderter
Menschen - vom 19.6.2001 (SGB IX)
Sozialgesetzbuch (SGB) - Allgemeiner Teil - vom 11.12.1975 (SGB I)" (Degener
2005, S. 925)
Diese Gesetze bilden die Grundlage für die Rechtssprechung und das geltende Strafrecht.
Eine Bekämpfung der behindertenfeindlichen Gewalt mit den Mitteln des Strafrechts ist
allerdings nur möglich, wenn ein entsprechender Konsens in der Gesellschaft über die
Definition von Verbrechen besteht. Die rechtliche Repression der Behindertenfeindlichkeit ist
also von der Aufrechterhaltung der bestehenden Vorstellungen über die ethische
Verwerflichkeit dieser Taten und über die Notwendigkeit ihrer strafrechtlichen Bekämpfung
abhängig (vgl. Forster 2002, S. 102, 103).
Dass dies nicht immer der Fall war zeigt das Beispiel der Euthanasie-Aktion während des
Nationalsozialismus. Es gab kein Gesetz als Grundlage der Euthanasie-Aktion. Es gab nur
eine „Führerermächtigung", die die einzige Rechtsgrundlage war. Die „Vernichtung
lebensunwerten Lebens" blieb bis zum Zusammenbruch des „Dritten Reiches" strafbar. Die
„Euthanasie-Aktion" erfolgte in einem rechtlosen Hohlraum, was für den
nationalsozialistischen Staat typisch war (vgl. Schmuhl 2006, S. 8, 9).
Auch auf die heutige Zeit bezogen sind einzelne Gerichtsurteile zu erwähnen, die als
behindertenfeindlich einzustufen sind. Zum Beispiel wurden Klägern eine Minderung des
Reisepreises zugesprochen, weil sie sich während einer Urlaubsreise durch den Anblick von
behinderten Menschen im Hotel gestört gefühlt hatten (vgl. Forster 2002, S. 9).
Ich sehe an diesem Bespiel hier die Tendenz zur Abwertung und Ausgrenzung. Dazu ist zu
bemerken:
„Der Rassismus ist die verallgemeinerte und verabsolutierte Wertung tatsächlicher
oder fiktiver Unterschiede zum Vorteil des Anklägers und zum Nachteil seines Opfers,
mit der seine Privilegien oder seine Aggressionen gerechtfertigt werden
sollen."(Memmi 1992, S. 103)
Wie zu sehen ist, sind gesetzlichen Regelungen allein hier nicht ausreichend um Rassismus
und rechtsextremistischer Gewalt Einhalt zu gebieten. Erziehungs- und Bildungsmaßnahmen
sind gefragt.

b) Erziehungs- und Bildungsmaßnahmen

Im Schulgesetz für Baden-Württemberg (SchG) in der Fassung vom 1.8.1983 (GBl. S. 397); zuletzt geändert 11.10.2005 (GBl S. 669/2005; KuU S. 175/2005) wird der Auftrag der Schule beschrieben. Die Landesregierung hat am 17.10.2006 den Entwurf eines Gesetzes zur Änderung des Schulgesetzes eingebracht. Es ist zu erwarten, dass dieser Entwurf vom Landtag so beschlossen wird. Er ist deshalb in den folgenden Text des Schulgesetzes bereits eingearbeitet.

„1. Teil:

Das Schulwesen

A. Auftrag der Schule

§ 1

Erziehungs- und Bildungsauftrag der Schule

(1) Der Auftrag der Schule bestimmt sich aus der d u r c h d a s G r u n d g e s e t z d e r B u n d e s r e p u b l i k Deutschland und die Verfassung des Landes Baden-Württemberg gesetzten Ordnung, insbesondere daraus, dass jeder junge Mensch, ohne Rücksicht auf Herkunft oder wirtschaftliche Lage das Recht auf eine seiner Begabung entsprechende Erziehung und Ausbildung hat und dass er zur Wahrnehmung von Verantwortung, Rechten und Pflichten in Staat und Gesellschaft sowie in der ihn umgebenden Gemeinschaft vorbereitet werden muss.

(2) Die Schule hat den in der Landesverfassung verankerten Erziehungs- und Bildungsauftrag zu verwirklichen. Über die Vermittlung von Wissen, Fähigkeiten und Fertigkeiten hinaus ist die Schule insbesondere gehalten, die Schüler in Verantwortung vor Gott, im Geiste christlicher Nächstenliebe, zur Menschlichkeit und Friedensliebe, in der Liebe zu Volk und Heimat, zur Achtung der Würde und Überzeugung Anderer, zu Leistungswillen und Eigenverantwortung sowie zu sozialen Bewährung zu erziehen und in der Entfaltung ihrer Persönlichkeit und Begabung zu fördern, zur Anerkennung der Wert- und Ordnungsvorstellungen der freiheitlich-demokratischen Grund-ordnung zu erziehen, die im Einzelnen eine Auseinandersetzung mit ihnen nicht ausschließt, wobei jedoch die freiheitlich-demokratische Grundordnung, wie in Grundgesetz und Landesverfassung verankert, nicht in Frage gestellt werden darf, auf die Wahrnehmung ihrer verfassungsmäßigen staatsbürgerlichen Rechte und Pflichten vorzubereiten und die dazu notwendige Urteils- und Entscheidungsfähigkeit zu vermitteln, auf die Mannigfaltigkeit der Lebensaufgaben und auf die Anforderungen der Berufs- und Arbeitswelt mit ihren unterschiedlichen Aufgaben und Entwicklungen vorzubereiten." (GEW 2007, S. 776)

Dieser Erziehungs- und Bildungsauftrag enthält die Aufgabe zur Menschlichkeit, Friedensliebe und zur Achtung Anderer zu erziehen. Das Bildungssystem hat hier eine bedeutende Aufgabe. Dieser Ansicht ist auch Adorno in seinem Vortrag „Erziehung nach Auschwitz" im Hessischen Rundfunk; gesendet am 18. April 1966.

„Die Forderung, daß Auschwitz nicht noch einmal sei, ist die allererste an Erziehung." (Adorno 1971, S. 88)

Er ist der Ansicht, dass die Möglichkeit der Wiederholung fortbesteht, weil die Menschen die Fragen, die dies aufwirft, sich zu wenig bewusst gemacht haben. Dass sich Auschwitz ereignete, ist für ihn Ausdruck einer mächtigen Gesellschaftstendenz.

„Der Völkermord hat seine Wurzel in jener Resurrektion des angriffslustigen Nationalismus, die seit dem Ende des neunzehnten Jahrhunderts in vielen Ländern sich zutrug. (Adorno 1971, S. 89)

Dabei sind die Wurzeln in den Verfolgern zu suchen. Es sind die Mechanismen zu erkennen, die die Menschen so machen, dass sie zu solchen Taten fähig werden, diese Mechanismen müssen ihnen aufgezeigt werden, um zu verhindern, dass die Menschen abermals so werden. Es soll ein allgemeines Bewusstsein für diese Mechanismen geweckt werden. Die Menschen müssen davon abgebracht werden ohne Reflexion auf sich selbst nach außen zu schlagen. Erziehung ist nur sinnvoll als Erziehung zu kritischer Selbstreflexion (vgl. Adorno 1971, S. 90)

> „Spreche ich von der Erziehung nach Auschwitz, so meine ich zwei Bereiche: einmal Erziehung in der Kindheit, zumal der frühen; dann allgemeine Aufklärung, die ein geistiges, kulturelles und gesellschaftliches Klima schafft, das eine Wiederholung nicht zuläßt, ein Klima also, in dem die Motive, die zu dem Grauen geführt haben, einigermaßen bewußt werden." (Adorno 1971, S. 91)

Dazu gehört die blinde Identifikation mit dem Kollektiv und die Fähigkeit Kollektive zu manipulieren. Gesprochen werden müsste über das Problem der Kollektivierung. Dabei wendet sich Adorno auch gegen das Brauchtum, das zur Zeit des Nationalsozialismus verherrlicht und gepflegt wurde (vgl. Adorno 1971, S. 95)

Ein weiteres Ideal nennt er die Erziehung zur Disziplin durch Härte. Dieses Erziehungsbild ist nach seiner Ansicht verkehrt. Hart sein bedeutet, gegen den Schmerz schlechthin gleichgültig zu sein, ohne Unterscheidung zwischen eigenem Schmerz und dem Schmerz anderer. Erziehung muss mit dem Gedanken ernst machen, dass man die Angst nicht verdrängen soll. Dadurch verschwindet etwas der zerstörerische Effekt der unbewussten Angst.

Wären die Menschen nicht so kalt und gleichgültig einander gegenüber gewesen, so meint Adorno, dann wäre Auschwitz nicht möglich gewesen (vgl. Adorno 1971, 101)

> „Wenn irgend etwas helfen kann gegen Kälte als Bedingung des Unheils, dann die Einsicht in ihre eigenen Bedingungen und der Versuch, vorwegnehmend im individuellen Bereich diesen ihren Bedingungen entgegenzuarbeiten."(Adorno 1971, S. 102)

Rationale Aufklärung kräftigt wenigstens im Vorbewusstsein gewisse Gegeninstanzen und hilft ein Klima zu bereiten, das dem Äußersten ungünstig ist. Das Klima, das die Auferstehung von Auschwitz fördert, so meint Adorno ist der wiedererwachende Nationalsozialismus (vgl. Adorno 1971, S. 103)

> „Konkrete Möglichkeiten des Widerstands wären immerhin zu zeigen. Es wäre etwa auf die Geschichte der Euthanasiemorde einzugehen, die in Deutschland, dank des Widerstands dagegen, doch nicht in ganzem Umfang begangen wurden, in dem die Nationalsozialisten sie geplant hatten."(Adorno 1971, S. 103)

Jeder Mensch, der nicht zur verfolgenden Gruppe gehört kann davon betroffen sein, es gibt deshalb ein Interesse, an das sich appellieren ließe.

> „Aller politische Unterricht endlich sollte zentriert sein darin, daß sich Auschwitz nicht wiederhole."(Adorno 1971, S. 104)

In diesem Sinne folgen im nächsten Kapitel Vorschläge für eine fächerübergreifende Unterrichtseinheit.

7. Unterrichtseinheit: Schule ohne Rassismus und Rechtsextremismus

Auf den folgenden Seiten möchte ich eine fächerübergreifende Unterrichtseinheit zu diesem Thema vorschlagen, die am besten in einer Projektwoche stattfinden kann.
Fächerübergreifend ist die Einheit, weil die Inhalte zum Teil dem Unterrichtsfach Geschichte, wie auch dem Unterrichtsfach Gemeinschaftskunde zuzuordnen sind. Als Projekt möchte ich diese Einheit nicht bezeichnen, sie ist eher dem Begriff Fachtage zuzuordnen. In dieser Arbeitsform wird versucht die Projektidee mit den Anforderungen eines Unterrichtsfaches zu verbinden. Die Schüler eines Jahrgangs erarbeiten über einen oder mehrere Tage hinweg den Themenbereich eines oder mehrerer Fächer (vgl. Köhler 1989, zit. n. Emer u. a. 2005, S. 47)

> „Fachtage ermöglichen, indem sie die Zeit bündeln, eine organische Gestaltung von Arbeitsphasen und -pausen. Sie lassen den Bezug zu außerschulischen Lernorten zu, ermöglichen die Beratung durch externe Fachleute, sowie eine schulinterne Präsentation von Arbeitsergebnissen".(Emer u.a. 2005, S. 47)

Die Unterrichtseinheit beinhaltet die folgenden Ziele:

1. Die Schüler sollen die Themen selbst bestimmen können, die Themen sind in Einzelbausteine aufgegliedert.
2. Die Schüler sollen sich nach ihren Interessen und Fähigkeiten Ziele setzen, Lösungsstrategien entwerfen und in die Praxis umsetzen.
3. Die Schüler sollen dabei ihre Fähigkeiten und die Grenzen ihres Leistungsvermögens kennen und verarbeiten lernen.
4. Sie sollen die Notwendigkeit arbeitsteiliger Tätigkeiten erkennen und lernen gemeinsam Ziele zu verfolgen.
5. Sie sollen lernen, die Arbeitsergebnisse anderen zugänglich und verständlich zu machen (vgl. Jung 2005, S. 19)

Die Unterrichtseinheit orientiert sich inhaltlich an den Problemen der Schüler, entspricht dem Bildungsauftrag der Körperbehindertenschule zur Förderung sozialer Kompetenz und Erziehung zur Lebensbewältigung. In einigen Themenbereichen werden speziell die Probleme behinderter Menschen bearbeitet.

In jedem „Baustein" sollen die Schüler Faktenwissen erwerben. Es geht allerdings nicht nur um den Erwerb von Wissen, Ziel ist, dass die Schüler ihre Einstellungen zu sich und zu den anderen verändern.

Die „Bausteine" sollen nur Vorschläge zu einem bestimmten Themenbereich sein. Je nach Schulart, Klassenstufe und Interesse der Schüler ist der Ablauf vom Lehrer, der die Einheit durchführt individuell zu planen.

Die Einheit enthält die folgenden „Bausteine":

a) Was versteht man unter Rassismus und Rechtsextremismus?
b) Die Euthanasie im „Dritten Reich"
c) Menschenrechte, Grundgesetz und Antidiskriminierungsrechte für Behinderte
d) Behinderte und Gesellschaft
e) Rassismus in den Medien
f) Kein Rassismus in unserer Schule

Nachträgliche Überlegungen zur Unterrichtseinheit

a) Was versteht man unter Rassismus und Rechtsextremismus?

Nach dem Bildungsplan 2004 der Hauptschule und Werkrealschule in Baden-Württemberg gehört dieser Unterrichtsstoff zum Fächerverbund Welt - Zeit - Gesellschaft der Klasse 9.

Lernvoraussetzungen:
Die Schüler sollen über den Imperialismus und den Ersten Weltkrieg Bescheid wissen.
Sie sollen die Ursachen des Nationalsozialismus in der deutschen Geschichte kennen.
Wesentliche Merkmale des Nationalsozialismus sollen bekannt sein.
Sie sollen Bescheid wissen über das Unrecht und das Leid, das den Opfern des Nationalsozialismus zugefügt wurde.
Wesentliche Ursachen, der Verlauf und die Auswirkungen des Zweiten Weltkrieges sollen bekannt sein
Sie sollen die Auswirkungen des Nationalsozialismus auf Gegenwart und Zukunft bewerten können.

Lernziele:
1. Die Schüler sollen die Begriffe Rasse, Rassismus, Gewalt und Rechtsextremismus kennen lernen und erklären können.
2. Die Schüler sollen erkennen können welche Folgen die rassistische Denkweise für Behinderte haben kann.

Arbeitsmaterialien:(siehe Anhang A)
DVD oder VHS-Videokassette

Text, in dem die Begriffe enthalten sind.
Im Internet unter Wikipedia oder unter
http://www.polizei.bwl.de/t4t/stable/content.php?page=print&content_id=26
http://www.polizei.bwl.de/t4t/stable/content.php?page=print&content_id=15
http://www.polizei.bwl.de/t4t/stable/content.php?page=print&content_id=52
http://www.polizei.bwl.de/t4t/stable/content.php?page=print&content_id=53
http://www.polizei.bwl.de/t4t/stable/content.php?page=print&content_id=54

oder in einem guten Lexikon nach den Begriffen suchen.
Text mit der Definition der Begriffe.

Arbeitsaufgaben:

Die Begriffe aus einem Lexikon heraussuchen und erklären.
Woher kommt der Begriff der Rasse?
Diskussion und Klärung der Begriffe Rassismus und Rechtsextremismus
Diskussion welche Folgen rassistische Denkweisen für Behinderte haben können.

Literatur für den Lehrer:

Posselt (1996): Handbuch Schule ohne Rassismus. Bonn: Bundeskoordination c/o Aktion COURAGE - SOS Rassismus

b) Die Euthanasie im „Dritten Reich"

Lernvoraussetzungen wie unter a)

Lernziele:

1. Die Schüler sollen über die Euthanasie im „Dritten Reich" Bescheid wissen. Was versteht man unter Euthanasie? Wer war davon betroffen?
2. Die Schüler sollen erkennen, dass es einen Zusammenhang zwischen Rassismus und Euthanasie gibt.

Arbeitsmaterialien: (siehe Anhang B)

Text über das Schicksal von Betroffenen
DVD oder Videokassette

Arbeitsaufgaben:

Klärung des Begriffs mit Hilfe von Arbeitsmaterialien: Was versteht man unter Euthanasie?
Zu welcher Zeit hat die Euthanasie stattgefunden?
Wer war davon betroffen? Text über das Schicksal eines Betroffenen.
Diskussion: Was hat die Euthanasie mit dem Begriff des Rassismus zu tun?

Besuch einer Gedenkstätte und Diskussion über die gesammelten Eindrücke.

Literatur für den Lehrer:

Schmuhl (2006): „Euthanasie im Nationalsozialismus - ein Überblick. In: Institut für Juristische Zeitgeschichte. Jahrbuch der Juristischen Zeitgeschichte Band 7 (2005/2006) Hrsg. Vormbaum. S. 3-15

Klee (1991): »Euthanasie« im NS-Staat. Die »Vernichtung lebensunwerten Lebens«. Frankfurt: Fischer Taschenbuch Verlag

c) Menschenrechte, Grundgesetz und Antidiskriminierungsrechte für Behinderte

Nach dem Bildungsplan 2004 der Hauptschule und Werkrealschule in Baden-Württemberg gehört dieser Unterrichtsstoff zu dem Fächerverbund Welt - Zeit - Gesellschaft der Klasse 9 unter dem Thema „Demokratische Gesellschaft".

Lernvoraussetzungen: wie unter a)

Lernziele:

1. Die Schüler haben ein Recht auf Menschenrechtsbildung. Sollen die allgemeine Erklärung der Menschenrechte kennen.
2. Sie sollen die Grundrechte im Grundgesetz kennen.
3. Sie sollen die wichtigsten Antidiskriminierungsrechte der Behinderten kennen.
4. Sie sollen die Bedeutung dieser Rechte erkennen und schildern können.
5. Die Schüler sollen in dem vorgelegten Beispiel die Verletzungen der Rechte und Gesetze erkennen können.

Arbeitsmaterialien: (siehe Anhang C)
Bericht: Schicksal eines Körperbehinderten
Grundgesetz für die Bundesrepublik Deutschland
Auszüge aus dem Sozialgesetzbuch (SGB) Allgemeiner Teil (SGB I) vom 11.12.1975
Auszüge aus dem Sozialgesetzbuch (SGB) Neuntes Buch (IX) Rehabilitation und Teilhabe behinderter Menschen vom 19.6.2001
Auszüge aus dem Gesetz zur Gleichstellung behinderter Menschen vom 27.4.2002 (Behindertengleichstellungsgesetz - BGG 2002)
DVD-Video oder VHS-Videokassette, Medienpaket Menschenrechte unterrichten

Arbeitsaufgaben:

Klärung der Begriffe „Gesetz" und „Recht"
Wieso ist es wichtig seine Rechte und Pflichten zu kennen?
Menschenrechte sollen vor rassistischer Diskriminierung schützen! Nimm Stellung dazu!
Diskutiere über die Grundrechte im Grundgesetz.
Wieso gibt es Antidiskriminierungsrechte für Behinderte? Vor was sollen sie schützen?
Suche in dem Bericht nach Menschenrechtsverletzungen und Verletzungen der Grundrechte.

Literatur für den Lehrer:

Fritzsche (2004): Menschenrechte. Eine Einführung mit Dokumenten. Paderborn: Schöningh
Degener (2005): Antidiskriminierungsrechte für Behinderte: ein globaler Überblick In: Max-Plank-Institut für ausländisches öffentliches Recht und Völkerrecht. Zeitschrift für ausländisches öffentliches Recht und Völkerrecht. Heidelberg Journal of International Law. Band 65 (2005) S. 887-935

d) Behinderte und Gesellschaft

Lernvoraussetzungen:

Die Schüler sollen wissen, was man unter einer Behinderung versteht.

Lernziele:

1. Die Schüler sollen erkennen, dass Menschen einander nach dem Eindruck, den sie vom Aussehen eines anderen Menschen haben, zuerst beurteilen.
2. Die Schüler sollen aber auch erkennen, dass die Menschen sich gegenseitig nicht nur nach Aussehen, sondern auch nach Verhalten beurteilen.
3. Ziel, das eigene Verhalten im Umgang mit anderen Menschen zu verbessern und anderen Menschen nicht nur nach ihren Äußerlichkeiten zu beurteilen.

Arbeitsmaterialien: (siehe Anhang D)

Arbeitsblätter mit Abbildungen von Personen
Ratschläge zum Verhalten in Bedrohungssituationen

Arbeitsaufgaben:

Den abgebildeten Personen auf den Arbeitsblättern sollen Eigenschaften zugeschrieben werden. Was für einen Eindruck macht diese Person auf dich. Notiere das!
Korrektur der Eindrücke durch Arbeitsblätter, die die abgebildete Person und wichtige Daten über diese Person enthält.
Eindruck und Wirklichkeit stimmen oft nicht überein.
Diskussion: Was für einen Eindruck machen Behinderte in der Gesellschaft? Wie könnte man mit diesem Problem umgehen?
Wenn ich gut behandelt werden will, bin ich freundlich zu den Anderen. Freundlichkeit und ein guter Umgangston verbessern die Eindrücke der anderen. Versuche dafür einige Regeln aufzustellen.
Schreibe auf: Wie würdest du dich verhalten, wenn du in eine Bedrohungssituation kommst?
Text besprechen: Wie verhalte ich mich in Bedrohungssituationen?
Gespräch: Wie vermeide ich Bedrohungssituationen? Dazu Rollenspiele im Unterricht.
Beratung durch die Polizei bezüglich des Verhaltens in Bedrohungssituationen

Literatur für den Lehrer:

Posselt (1996): Handbuch Schule ohne Rassismus. Bonn: Bundeskoordination c/o Aktion COURAGE - SOS Rassismus

e) Rassismus in den Medien

Lernvoraussetzungen:
Unterrichtseinheit über die Medien und ihre Wirkung

Lernziele:

1. Die Schüler sollen die wichtigsten Medien, in denen rassistische Denkmuster vorkommen können benennen können. (Fernsehen, Spielfilme, Bücher, Internet Sciencefiction, Computerspiele usw.)
2. Sie sollen erkennen können, dass dies in den Medien besonders gefährlich ist, da durch sie Medien viele Menschen beeinflusst werden können.
3. Sie sollen wissen, dass die Medien nicht die Wirklichkeit vermitteln, sondern nur Ausschnitte oder die Vorstellung des Berichterstattenden.
4. Sie sollen rassistische Denkmuster in den Medien erkennen und damit nach Möglichkeit eine unreflektierte Übernahme vermeiden können.

Arbeitsmaterialien: (siehe Anhang E)
Internet: Zehn kleine Negerlein
Arbeitsblatt: Zum Thema Medien ...
Text: Zehn kleine Negerlein
Arbeitsblatt: Ein Computerspiel ...
Arbeitsblatt: Rassismus in Film und Roman

Arbeitsaufgaben:

Nenne rassistische Denkmuster!
Nenne Beispiele für rassistische Denkmuster in den Medien!
Diskussion: Aufgabe der Medien. Gefahren durch die Medien.

Hinweise für den Lehrer:
Bei der Analyse von Computerspielen ist zu beachten, dass eine Vermerk bezüglich des Urheberrechts einen Einsatz in Schulen verbietet, deshalb wurde der Film und das Computerspiel auf einem Arbeitsblatt inhaltlich beschrieben.
Das Thema kann im Rahmen dieser Arbeit nur berührt werden. Zu diesem Thema könnte eine eigene Unterrichtseinheit geplant werden.

f) Kein Rassismus in unserer Schule

Lernvoraussetzungen:

Begriff des Rassismus beschreiben können
Imperialismus
Erster Weltkrieg
Zeit des Nationalsozialismus

Lernziele:

1. Die Schüler sollen wissen , was man unter Alltagsrassismus versteht und Beispiele dafür benennen können
2. Die Schüler sollen auch noch andere Bevölkerungsgruppen benennen können, die von Rassismus betroffen sind und waren.
3. Die Schüler sollen erkennen, dass man über sein eigenes Verhaltern reflektieren soll um es zu verändern, nur so kann man Rassismus in der Schule verhindern

Arbeitsmaterialien: (siehe Anhang F)
Arbeitsblatt Alltagsrassismus
Medienpaket
Diskussion: Wie ist Rassismus in der Schule zu verhindern?

Arbeitsaufgaben:

Arbeitsblatt „Was versteht man unter Alltagsrassismus" lesen und besprechen
Regeln gegen Rassismus aufstellen!

Literatur für den Lehrer:
Posselt (1996): Handbuch Schule ohne Rassismus. Bonn: Bundeskoordination c/o Aktion COURAGE - SOS Rassismus
Internet: http://www.polizeiberatung.de/aktionen/rechtsextremismus/

Nachträgliche Überlegungen zur Unterrichtseinheit

Dies sollen Ideen für eine Unterrichtseinheit in der Projektwoche oder ein Projekt sein. Es ist keine vollständig geplante Einheit, vielleicht hat mancher Lehrer noch weitere Ideen dazu.. Je nach Schulart, Klassenstufe und Gruppe sollte die Einheit so geplant werden, dass sie für die Schüler entsprechend ihrer Lernvoraussetzungen und ihrer Leistungsfähigkeit geeignet ist. Planung und Gestaltung in bezug auf die jeweilige Situation erscheint mir sehr wichtig. Bei der Planung habe ich bemerkt, dass der Stoff sehr umfangreich ist, genaugenommen ist Rassismus ein Thema, das täglich im Unterricht in vielen Unterrichtsfächern auftauchen kann und es ist Aufgabe der Schule, über diese Problematik aufzuklären und auch den Versuch zu unternehmen gegebenenfalls rassistische Einstellungen zu verändern. Dies dürfte allerdings nicht so einfach sein, da es hier nicht nur um die Vermittlung von „Faktenwissen" geht, sondern bei Einstellungen gegenüber Anderen auch immer Gefühle eine Rolle spielen. Die Ergebnisse der Unterrichtseinheit sollten die Schüler innerhalb der Schule zum Abschluss präsentieren.

8. Zusammenfassung

Nach dem Versuch zu beschreiben, ab wann historisch gesehen, man vom Begriff der „Rasse" und damit von der Entstehung des Rassismus sprechen kann, habe ich versucht darzustellen was verschiedene Autoren unter dem Begriff des „Rassismus" verstehen.

Da der Titel dieser Arbeit „Rassismus und Behinderung" lautet, war es für mich wichtig, den Begriff der „Behinderung" zu beschreiben, damit eindeutig ist welcher Personenkreis hiervon besonders betroffen ist. Dies sind natürlich diejenigen Behinderten, die in ihrem äußeren Erscheinungsbild deutlich von den „Normalvorstellungen" abweichen.

Beeindruckend ist für mich, welches Schicksal die Behinderten in früheren Zeiten hatten und wie sehr sie in ihrer Existenz von den Einstellungen der jeweiligen Gesellschaft, der sie angehörten, abhängig waren. Es könnte sein, dass viele Behinderte sich ihrer behinderungsspezifischen Wirkung auf die Nichtbehinderten nicht bewusst sind.

Besonders schlimm waren die Folgen dieser Problematik zur Zeit des Nationalsozialismus, aber auch heute sind Behinderte immer wieder das Opfer von Aktionsweisen, die aufgrund des Rassismus als Ideologie erfolgen.

Bei den Überlegungen, wie gegen Rassismus und behindertenfeindliche Gewalt vorzugehen ist, habe ich in Kapitel 6 zuerst die gesetzlichen Regelungen und das Strafrecht erwähnt. Menschenrechte, Grundgesetz und Antidiskriminierungsrechte für Behinderte sollen diese benachteiligte Bevölkerungsgruppe besonders schützen und Maßnahmen gegen die „Täter" ermöglichen.

Allerdings ist klar, dass das Erziehungs- und Bildungssystem in diesem Bereich eine bedeutende Aufgabe hat bei der Vermittlung von Informationen, aber auch in dem Versuch Einstellungen zu verändern und die Schüler zu stärken gegenüber der Gefahr selbst in rassistische Denkweisen zu verfallen. Bei der Planung der Unterrichtseinheit „Schule ohne Rassismus und Rechtsextremismus" habe ich erkennen müssen, dass der Unterrichtsstoff viel umfangreicher ist als ich ursprünglich gedacht hatte. Deshalb habe ich zu jedem Themenbereich nur einzelne Vorschläge gemacht, sonst wäre diese Arbeit zu umfangreich geworden.

Die Bedeutung der Thematik wird wahrscheinlich auch oft unterschätzt, besonders, wenn ich dabei an die Medien denke, die ja sehr viele Menschen erreichen und damit auch einen gewissen Einfluss ausüben können. Davon sind nun wieder die Behinderten besonders betroffen, weil, wegen ihrer körperlichen Beeinträchtigungen, die Medien oft eine der wenigen Kontaktquellen sind, die ihnen damit ein Bild von der Gesellschaft vermitteln.

Es wäre interessant diese Unterrichtseinheit noch ausführlicher zu planen und auch aus der Literatur habe ich neue Erkenntnisse gewonnen.

9. Literaturverzeichnis

1. Adorno (1971): Erziehung zur Mündigkeit. Vorträge und Gespräche mit Hellmut Becker 1959- 1969) Hrsg. Kadelbach, G. Frankfurt: Suhrkamp Verlag

2. Bergeest (2002): Körperbehindertenpädagogik Studium und Praxis. Bad Heilbrunn: Klinkhardt, 2. Auflage

3. Birungi (2007): Rassismus in Medien. Frankfurt: Lang

4. BSHG BundessozialhilfeG (2003) München: Deutscher Taschenbuch Verlag

5. Degener (2005): Antidiskriminierungsrechte für Behinderte: ein globaler Überblick. In: Zeitschrift für ausländisches öffentliches Recht und Völkerrecht, Heidelberg Journal of International Law, Max-Planck-Institut für ausländisches öffentliches Recht und Völkerrecht, Band 65, S. 887-935

6. Emer, Lenzen (2005): Basiswissen Pädagogik, Unterrichtskonzepte und -techniken, Band 6, Projektunterricht gestalten - Schule verändern, Projektunterricht als Beitrag zur Schulentwicklung, Hrsg. Bönsch, Kaiser. Baltmannsweiler: Schneider Verlag Hohengehren, 2. Auflage

7. Forster (2002): Von der Ausgrenzung zur Gewalt. Rechtsextremismus und Behindertenfeindlichkeit - eine soziologisch- sonderpädagogische Annäherung. Bad Heilbrunn: Klinkhardt

8. Fries (2005): Einstellungen und Verhalten gegenüber körperbehinderten Menschen. Oberhausen: ATHENA-Verlag

9. Fritzsche (2004): Menschenrechte. Eine Einführung mit Dokumenten. Paderborn, München, Wien, Zürich: Schöningh

10. Eibl-Eibesfeldt (2004): Die Biologie des menschlichen Verhaltens. Grundriß der Humanethologie. München: Piper, Vierkirchen-Pasenbach: Blank, 5. Auflage

11. Gewerkschaft Erziehung und Wissenschaft Baden-Württemberg (2007): GEW-Jahrbuch für Lehrerinnen und Lehrer - Handbuch des Schul- und Dienstrechts in Baden-Württemberg. 26. Jahrgang ; Ausgabe 2007. Stuttgart: Süddeutscher Pädagogischer Verlag

12. Gröning (2006): Pädagogische Beratung. Konzepte und Positionen. Wiesbaden: VS Verlag für Sozialwissenschaften

13. Bundeszentrale für politische Bildung (1999): Grundgesetz für die Bundesrepublik Deutschland. Ulm: Ebner

14. Hedderich (2006): Einführung in die Körperbehindertenpädagogik. München, Basel: Reinhardt Verlag, 2. Auflage

15. Jung (2005): Projekte machen Schule, Projektunterricht in der politischen Bildung. Hrsg. Reinhardt. Schwalbach: WOCHENSCHAU Verlag

16. Klee (1991): »Euthanasie« im NS-Staat. Die »Vernichtung lebensunwerten Lebens«. Frankfurt: Fischer Taschenbuch Verlag

17. Memmi (1992): Rassismus. Hamburg, Frankfurt: Europäische Verlagsanstalt eva Taschenbuch Band 96

18. Miles (1999): Rassismus. Einführung in die Geschichte und Theorie eines Begriffs. Deutsch von Michael Haupt. Hamburg, Berlin: Argument Verlag 3. Auflage

19. Poliakov/Delacampagne/Girard (1992): Rassismus. Über Fremdenfeindlichkeit und Rassenwahn. Aus dem Französischen von Philipp Wolff-Windegg. Hamburg, Zürich: Luchterhand Literaturverlag

20. Posselt (1996): Handbuch Schule ohne Rassismus. Bonn: Schule ohne Rassismus - Bundeskoordination c/o Aktion COURAGE - SOS Rassismus

21. Schmuhl (2006): „Euthanasie im Nationalsozialismus - ein Überblick. In: Institut für Juristische Zeitgeschichte: Jahrbuch der Juristischen Zeitgeschichte Band 7 (2005/2006). Hrsg. Vormbaum, S. 3-15

22. Schmuhl (1987): Rassenhygiene, Nationalsozialismus, Euthanasie. Von der Verhütung zur Vernichtung >lebensunwerten Lebens<, 1890-1945. Göttingen: Vandenhoeck & Ruprecht
23. http://www.heute.de/ZDFheute/inhalt/10/0,3672,3941898,00.html
   http://www.heute.de/ZDFheute/inhalt/12/0,3672,5593964,00.html
   http://www.heute.de/ZDFheute/inhalt/17/0,3672,5593585,00.html
24. http://de.wikipedia.org/wiki/Zehn_kleine_Negerlein
25. http://www.ta7.de/txt/humor/hum00007.htm
26. http://ingeb.org/Lieder/zehnklei.html
27. Sozialgesetzbuch (SGB) Erstes Buch: www.juris.de

Anhang A

Arbeitsblatt für die Schüler: Was versteht man unter Rassismus und Rechtsextremismus?

Gibt es menschliche Rassen?

In der Geschichte und Biologie wurden Menschengruppen aufgrund unterschiedlicher körperlicher Merkmale wie z.B. Schädelform, Körperbau und Hautfarbe in menschliche „Rassen" eingeteilt. Diese Unterteilung der Menschen finden wir auch heute noch in Unterscheidungen wie weiße, schwarze oder gelbe „Menschenrassen".
Diese Unterscheidungskriterien werden heute in der Biologie nicht mehr benutzt, da sie sich als irreführend, nicht trennscharf und willkürlich herausgestellt haben. Die Methode der Unterscheidung ist heute die Häufigkeit, mit der bestimmte Genkombinationen in einer Bevölkerungsgruppe vorkommen. Es ist allerdings so, dass es in einer genetisch gleich definierten Gruppe genau so große Unterschiede zwischen den Individuen geben kann wie zwischen den Individuen von als genetisch verschieden definierten Gruppen.
Heute wird der Begriff der „Rasse" nicht mehr benützt, vor allem, weil er auf seinem sozialhistorischen Hintergrund (z.B. Sklavenhandel, Kolonialzeit, Nationalismus) immer dann eine Rolle spielte, wenn es darum ging, Macht und Herrschaft über Menschen zu begründen, Menschen eigenen Interessen unterzuordnen oder sie als Menschen minderen Wertes herabzuwürdigen, zu missbrauchen, auszubeuten oder zu ermorden.

Rassismus
liegt immer dann vor, wenn bestimmte Merkmale von Menschen (z. B. Hautfarbe, Herkunft, Geschlecht, usw.) mit bestimmten Eigenschaften gekoppelt werden (z. B. wenn von der Herkunft auf die geistige, sexuelle oder kriminelle Energie o.ä. geschlossen wird) und durch diese Konstruktion eine Abwertung praktiziert wird.

Texte sind Auszüge aus:
Posselt (1996): Handbuch Schule ohne Rassismus. Bonn: Bundeskoordination c/o Aktion COURAGE - SOS Rassismus

Gewalt

liegt immer dann vor, wenn Menschen gezielt oder fahrlässig physisch oder psychisch geschädigt werden. Gewalt ist immer an Macht geknüpft. Dazu gehört auch der Bereich der strukturellen Gewalt, also Ordnungssysteme und ökonomische Prinzipien, die materielle, soziale und ideelle menschliche Entwicklungen beeinträchtigen oder verhindern.

Ursachen von Gewalt und Rassismus

Auf der Suche nach den Wurzeln , Ursachen und Lösungswegen zur Bekämpfung von Gewalt und Rassismus ist man auf Erfahrungen gestoßen, die gezeigt haben, dass Gewalt und Rassismus nicht nur bei den RechtsextremistInnen am Rande unserer Gesellschaft gesucht werden dürfen, sondern dass sie auch in der Mitte der Gesellschaft, also unter und bei uns Platz gegriffen haben.
Wir wissen, wie schwer es ist, auf Überheblichkeit zu verzichten und wie leicht wir selber rassistisch über andere Menschen denken, reden und entscheiden. Es scheint so, als wenn die menschenverachtenden Rechtsextremisten nur deshalb Erfolge und Wählerstimmen verbuchen können, weil sie sicher sein können, für ihre Demonstration von Macht und Gewalt Zustimmung zu erhalten.
Einige Ursachen von Gewalt sind heute deutlich erkannt worden und können benannt werden:

Einsamkeit, Ohnmachtsgefühle, Handlungsunsicherheit, Gleichgültigkeit, soziale Ungleichheiten, enttäuschte Leistungserwartungen und Herrschaftsansprüche, Mangel an Geborgenheit, wie auch an Zusammengehörigkeit, Selbstwertgefühl, erkennbaren Strukturen, Zukunftschancen usw.

Texte sind Auszüge aus:
Posselt (1996): Handbuch Schule ohne Rassismus. Bonn: Bundeskoordination c/o Aktion COURAGE SOS - Rassismus

- Mit Bildern drucken

ZDF

- Ohne Bilder drucken

07.06.2006
http://www.heute.de/ZDFheute/inhalt/10/0,3672,3941898,00.html

Bildquelle www.prevent-racist-attack.org

"Vorsicht ist vor allem nachts geboten"

Webseite gibt Ratschläge zum Schutz vor rechter Gewalt

Vor allem nachts sollten Menschen mit dunkler Hautfarbe vorsichtig sein. Diese Empfehlung gehört zu den Ratschlägen für Gäste der Fußball-WM, die seit Mittwoch in fünf Sprachen auf der Internetseite www.prevent-racist-attack.org nachzulesen sind. Kurz vor Beginn des Mega-Events unter dem Motto "Zu Gast bei Freunden" mit Millionen Besuchern aus der ganzen Welt warnen hier zwei Vereine - die Internationale Liga für Menschenrechte und der Afrika-Rat - vor rassistischen Überfällen. Ein Teil des Vorstandes vom Afrika-Rat wies die Gefahrenwarnung zurück. Sie nicht abgesprochen gewesen.

- Drucken
- Versenden
- 07.06.2006 [Archiv]

MEDIATHEK

- Video Afrika-Rat warnt vor Deutschlands Osten

Die Warnung widerspreche den konstruktiven Gesprächen mit Polizei und Politikern und sei nicht die Position des Afrika-Rates.

Auf der Internetseite ist folgendes zu lesen. "Wir raten daher zu besonderer Vorsicht beim

Aufenthalt in Ostdeutschland und in Teilen Ostberlins", heißt es in den zweiseitigen Vorsichtsmaßnahmen, die aber gleichzeitig die afrikanischen "Brüder und Schwestern" zur WM willkommen heißt.

Die Debatte um rassistische Übergriffe hatte Ex-Regierungssprecher Uwe-Karsten Heye vor wenigen Wochen ausgelöst, als er dunkelhäutige WM-Touristen vor rechten Schlägern in Ostdeutschland warnte und dafür anfangs auch herbe Kritik einstecke. Auch durch den Überfall auf den türkischstämmigen Linkspartei-Politiker Giyasettin Sayan in Berlin-Lichtenberg wurde die Auseinandersetzung mit Fremdenfeindlichkeit und Extremismus in Deutschland angeheizt. "Heye hat sehr mutig Gesicht gezeigt - Verschweigen ist Schande", sagte Yonas Endrias von der Menschenrechts-Liga.

"Gefahr im Osten größer"

Nach wie vor sei in Ostdeutschland und im Osteil Berlins die Gefahr für dunkelhäutige Menschen größer, Opfer von Gewalt zu werden als im Westen, sagte Judy Gummich vom Afrika-Rat, der 25 afrikanische Vereine in Berlin und Brandenburg vertritt. "Das ist Realität." Die beiden Vereine wollten aber keine konkreten No-Go-Areas, die Ausländer meiden sollten, nennen. Auf die Website wurden aber Angaben des Verfassungsschutzes zum Beispiel zu Tatorten rechter Gewalt in Berlin gestellt.

Armut oder Arbeitslosigkeit als Ursache für Gewaltbereitschaft im Osten wollte Endrias allein nicht gelten lassen. "Rassismus ist ein gesellschaftliches Problem", sagte der Politologe, der aus Eritrea stammt und seit mehr als 25 Jahren in Deutschland lebt. Er hoffe trotzdem auf "Spiele der Völkerverständigung" und viel Spaß. Kritisiert wurden aber der Welt-Fußballverband FIFA, der Deutsche Fußball-Bund und die Bundesregierung, die trotz millionenschwerer WM-Kampagnen keine Hilfsangebote für potenzielle Opfer rassistischer Gewalt vorbereitet hätten. Dagegen wollen mehrere nichtstaatliche Beratungsstellen ab Donnerstag eine Notruf-Hotline für Opfer rassistischer Gewalt schalten.

"Alltäglicher Rassismus"

Beklagt wurden vor allem alltäglicher Rassismus und zunehmende Verharmlosung. "Es ist fast normal, als Nigger beschimpft zu werden", sagte Gummich, die sich als "schwarze Deutsche mit afrikanischem Background" bezeichnet. Die in der Hauptstadt offiziell registrierten 18 rassistischen Überfälle im Vorjahr seien nur die Spitze des Eisbergs. Ob die faktischen No-Go-Areas nicht den Neonazis und ihrem Ziel so genannter national befreiter Zonen in die Hände spielten?

"Was sollen wir machen, sich in Gefahr begeben und den Kopf hinhalten?", fragte Yonas Endrias ziemlich ratlos. In Gruppen auftreten, etwas Unerwartetes in gefährlichen Situationen tun, bei Menschenansammlungen direkt um Hilfe bitten, wird empfohlen.

Mit Material von dpa

- Mit Bildern drucken
ZDF
- Ohne Bilder drucken

21.08.2007
http://www.heute.de/ZDFheute/inhalt/12/0,3672,5593964,00.html

Bildquelle ZDF, mev [M]

Der böse Ostdeutsche?

**Kriminalist: Jede
Gewalttat fördert
Vorurteile gegen Osten**

von Peter Kranz,
ZDF-Studio Potsdam

Da ist er wieder - der böse Ostdeutsche. Jugendliche in Mügeln hetzen acht Inder durch die Kleinstadt, prügeln auf sie ein, verletzen sie. Ein ausländerfeindliches Motiv wird nicht ausgeschlossen, heißt es. Wieder einmal. Obwohl der Verdacht noch bewusst vorsichtig formuliert wird, ist der Schaden für Ostdeutschland insgesamt unermesslich. Längst nicht nur wirtschaftlich...

- Drucken
- Versenden
- 21.08.2007

Im Fall der Ausschreitungen von Mügeln scheinen die Dinge klar. Es gibt Verletzte, es gibt Zeugen. Man hat ausländerfeindliche Rufe und Parolen gehört. Wirtschaftsverbände warnen vor der abschreckenden Wirkung von Gewalt auf mögliche Investoren in Ostdeutschland. Politiker zeigen sich erschüttert und versprechen die harte Hand des Rechtsstaates. Es scheint ein Automatismus zu sein, der immer wieder einsetzt, wenn sich Gewalt entlädt. Doch es steckt mehr dahinter. 17 Jahre nach der Deutschen Vereinigung ist der Osten noch immer kein normales Gebiet und offenbar noch immer nicht angekommen im Lebens- und Wertesystem der Bundesrepublik.

Gewaltpotential im Osten höher

Tatsächlich reißen die Ereignisse von Mügeln eine Wunde auf, die sich seit Jahren nicht schließen will. Gewalt gegen Ausländer oder gegen Menschen, die "anders" aussehen, scheint an der Tagesordnung. "Wer sich schwach fühlt, sucht den vermeintlich Schwächeren als Zielscheibe", meint Bernd Wagner. Der ehemalige Kriminalist untersuchte jahrelang Tätergruppen im rechtsextremen Umfeld. Das Gewaltpotential liege deutlich höher als im Westen, die Hemmschwelle umso niedriger. "Aus der Gruppe heraus kann die Kleinste vermeintliche Provokation einen Funken ergeben, der zum Ausbruch von Gewalt führt.", sagt er.

Mehr zum Thema

- Diskussion über Rassismus im Osten

So sei es auch zu erklären, dass die Jugendlichen auf dem Stadtfest von Mügeln zunächst offenbar friedlich mit ihren späteren Opfern gefeiert haben sollen. Vordergründig müsse es bei der folgenden Auseinandersetzung nicht um ausländerfeindliche Motive gegangen sein, meint der Kriminalist, der für die Gesellschaft Demokratische Kultur in Berlin tätig ist. Dumpfe Gefühle gegen Ausländer seien dann aber wohl an die Oberfläche gekommen.

Fast täglich pöbeln, schlagen oder verletzen Jugendliche in Ostdeutschland Ausländer - in den schlimmsten Fällen töteten sie sogar. Jedes Ereignis belastet den Landesteil zwischen Elbe und Oder kollektiv. Selbst der Ost-Berliner und Bundestagsvizepräsident Wolfgang Thierse spricht von einem "besonderen ostdeutschen gewalttätigen Akzent".

"Nicht verallgemeinern"

Die Tendenz zu ausländerfeindlichen Meinungen bei Jugendlichen nimmt allerdings seit Jahren ab - glaubt man einer Studie des Potsdamer Bildungsministeriums für Brandenburg, für die Schüler bis 20 Jahre an Oberschulen, Gymnasien und Berufsbildenden Schulen befragt wurden. Lehnten 1999 noch 33 Prozent ausländerfeindliche Meinungen ab, waren es 2005 mehr als 38 Prozent. Ein deutliches Plus. Dennoch bleibt ein harter Kern von acht Prozent bei Mädchen und Jungen, die ausländerfeindliche Parolen "völlig befürworten". Dabei sind die Erklärungsmuster der 90er Jahre passé. Damals gab man vor allem der "ökonomischen Desintegration" von Eltern (z.B. durch Arbeitslosigkeit) die Schuld an aufgestautem Hass und dumpfer Ablehnung alles Fremden.

Heute zählt die Potsdamer Bildungsstudie Politikverdrossenheit, fehlende Ausbildungs- und damit Lebenschancen von Jugendlichen und Vernachlässigung im Elternhaus zu den Ursachen von Ressentiments gegen Ausländer. "Das korrespondiert mit der Erkenntnis, dass in Ostdeutschland schneller zugeschlagen wird als im Westen", sagt Richard Schröder, Theologe an der Berliner Humboldt-Universität. In diesem Sinne sei das Verhalten der gewaltbereiten Jugendlichen mindestens unzivilisiert zu nennen, meint er. "Das betrifft im Osten aber nur einige und nicht alle. Man sollte deshalb aufhören, alles zu verallgemeinern."

"Jede Gewalttat befördert Vorurteile"

Bernd Wagner ist weniger optimistisch: "Jede Gewalttat schreckt Menschen ab, Ostdeutschland sympathisch zu finden. Und befördert Vorurteile, die man auch im Westen gegenüber den Ossis noch immer hegt. Ereignisse, wie das in Mügeln frischen also Gräben zwischen den Landesteilen wieder auf. Das ist die fatale Wirkung nach außen und innen."

© ZDF 2007

- Mit Bildern drucken
  ZDF
- Ohne Bilder drucken

21.08.2007
http://www.heute.de/ZDFheute/inhalt/17/0,3672,5593585,00.html

Bildquelle dpa
Kritisiert wurde der Bürgermeister von Mügeln, Gotthard Deuse (FDP), für seine Aussage, in dem Ort gebe es keinen Rechtsextremismus.

Diskussion über Rassismus im Osten

Indien fordert Aufklärung des Vorfalls in Mügeln

Nach dem Angriff auf Inder im sächsischen Mügeln haben Politiker einem Teil der Ostdeutschen eine rassistische Grundeinstellung und Gewaltbereitschaft gegenüber Ausländern bescheinigt. Sie forderten eine schonungslose Aufklärung des Vorfalls.

- Drucken
- Versenden
- 21.08.2007

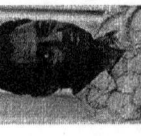

reuters
Kulvir Singh wurde in Mügeln verletzt.

Die indische Botschafterin in Deutschland, Meera Shankar, zeigte sich zutiefst besorgt. "Es muss sichergestellt werden, dass sich so ein Ereignis nicht wiederholt", sagte sie im Berliner "Tagesspiegel". Dies sei im Interesse der deutsch-indischen Beziehungen. Die sächsische Polizei konnte vorerst keine Ermittlungserfolge vermelden. Sie erhöhte nach eigenen Angaben ihre Präsenz in Mügeln.

"Gewaltexzess ist unerträglich"

"Dieser Gewaltexzess ist unerträglich", sagte der in der Bundesregierung für den Aufbau Ost zuständige Verkehrsminister Wolfgang Tiefensee. Der SPD-Politiker nannte es nicht hinnehmbar, dass ausländische Mitbürger von einer "großen Menge aufgeheizter Menschen durch die Stadt gejagt werden" und um ihr Leben bangen müssten. Bei der Aufklärung des Vorfalls dürfe der Eindruck von Verharmlosung oder Vermiedlichung nicht aufkommen.

Mehr zum Thema

- Der böse Ostdeutsche?

Sachsen-Anhalts Ministerpräsident Wolfgang Böhmer warnte vor einer Unterschätzung rechtsradikaler Umtriebe in den neuen Ländern. Er verstehe, dass der Osten als fremdenfeindlicher gelte als der Westen, sagte der CDU-Politiker der "Leipziger Volkszeitung". "Die Zahl der ausländischen Mitbürger ist bei uns deutlich geringer und trotzdem ist die Zahl der Aversionsakte sehr hoch." Der Vorsitzende des Bundestagsinnenausschusses, Sebastian Edathy (SPD), konstatierte: "Menschen mit dunkler Hautfarbe haben in Ostdeutschland ein um ein vielfach höheres Risiko Opfer eines Übergriffs zu werden als in Westdeutschland."

Schlagzeilen in Indien

Die Ereignisse in Mügeln sorgen laut Edathy auch in Indien für Aufsehen. "Das wird hier sehr wohl wahrgenommen", sagte er dem "Kölner Stadt-Anzeiger". Der Vorsitzende der deutsch-indischen Parlamentariergruppe, dessen Vater Inder war, hält sich derzeit zu politischen Gesprächen in Indien auf. "Radio und Fernsehen berichten. Und viele Zeitungen haben es auf Seite eins", wird Edathy zitiert. Er sei von indischen Abgeordneten auf das Ereignis angesprochen worden. "Das sorgt hier für Irritationen. Solche Nachrichten helfen dem Investitionsstandort Deutschland nicht. Das ist ganz offensichtlich."

Infobox

Politisch motivierte Straftaten mit extremistischem Hintergrund

Politisch rechts motivierte Straftaten mit extremistischem Hintergrund bilden eine Teilmenge des Bereichs "Politisch motivierte Kriminalität - rechts". In diesem Bereich wurden 2006 insgesamt 17.597 (2005: 15.361) Straftaten mit extremistischem Hintergrund, darunter 1047 (2005: 958) Gewalttaten erfasst. Damit stieg die Zahl der politisch rechts motivierten Straftaten mit extremistischem Hintergrund 2006 um 14,6 Prozent, die der Gewalttaten um 9,3 Prozent.

(Quelle: Bundesamt für Verfassungsschutz)

LINKS

- Rechtsextremismus kein Randphänomen

Mangelnde Zivilcourage beklagt

Der Vorsitzende des Vereins "Gesicht zeigen!", Uwe Karsten Heye, sah sich in seiner Einstellung bestätigt, dass Ausländer bestimmte Regionen Ostdeutschlands meiden sollten. Es gebe Gebiete, "in die man sich mit dunkler Hautfarbe besser nicht hinbewegt, weil die Gefährdung sehr groß ist", sagte der ehemalige Sprecher von Ex-Kanzler Gerhard Schröder der "Mitteldeutschen Zeitung". Heye hatte vor der Fußball-WM 2006 die Debatte über "No-go-areas" in den neuen Ländern entfacht.

Unionsfraktionschef Volker Kauder beklagte mangelnde Zivilcourage der Einwohner Mügelns. Ihn stimme es sehr traurig, dass niemand den Indern geholfen habe, sagte er der "Frankfurter Rundschau." Der Christdemokrat sprach von einer Schande, "dass so etwas in unserem Lande möglich ist". Bundestagsvizepräsident Wolfgang Thierse (SPD) befürchtet Nachteile für Arbeitsplätze und Konjunktur aufgrund rassistischer Vorfälle. Entsprechend äußerte er sich in der "Berliner Zeitung".

Kritik am Bürgermeister

Kritisiert wurde der Bürgermeister von Mügeln, Gotthard Deuse (FDP), für seine Aussage, in dem Ort gebe es keinen Rechtsextremismus, die Täter seien von außerhalb gekommen. "So können wir nicht vorgehen", sagte Tiefensee. Grünen-Chefin Claudia Roth betonte in der "Netzeitung": "Wer den Kopf in den Sand steckt, stärkt nur die Rechtsextremisten."

Nach bisherigen Erkenntnissen waren die Inder am Sonntag während eines Stadtfestes von zahlreichen Deutschen attackiert und anschließend durch die Kleinstadt getrieben worden. Erst ein Großaufgebot der Polizei stoppte die Jagd. Unmittelbar danach waren zwei 21 und 23 Jahre alte Männer aus der Region festgenommen worden. Sie befanden sich wieder auf freiem Fuß, der Tatverdacht bestehe aber fort, sagte eine Polizeisprecherin.

Infobox

Wiederholt fremdenfeindliche Angriffe im Osten:

11. Juni 2000: Der seit Jahren in Deutschland lebende Mosambikaner Alberto Adriano, Vater von

drei Söhnen, wird in Dessau erschlagen. Die drei Täter, die vor Gericht Ausländerhass als Motiv angeben, werden zu langen Haftstrafen verurteilt.

3. September 2004: Ein 27-jähriger Neonazi schleudert im brandenburgischen Hennigsdorf zwei brennende Molotowcocktails durch die Tür eines türkischen Imbisses. Das Landgericht Neuruppin verurteilt ihn unter anderem wegen siebenfachen versuchten Mordes.

31. März 2004: Im sachsen-anhaltischen Halberstadt wird ein 43-jähriger Asylbewerber aus Eritrea von vier Männern überfallen, geschlagen und verletzt.

9. Januar 2006: Ein zwölfjähriger Junge äthiopischer Abstammung wird in Pommelte von vier Jugendlichen geschlagen, getreten und dabei zeitweise mit einem Fotohandy gefilmt. Die vier Täter werden zu Haftstrafen verurteilt.

16. April 2006: In den Morgenstunden wird in Potsdam der Deutsch-Äthiopier Ermyas M. angegriffen und zusammengeschlagen. Er liegt mehrere Wochen im Koma. Zwei Männer werden angeklagt, aber im Juni wegen Mangels an Beweisen freigesprochen.

20. April 2006: Ein 39-jähriger Mann aus Mosambik und sein 14-jähriger Sohn werden in Magdeburg von einer Gruppe Jugendlicher aus der rechten Szene mit ausländerfeindlichen Parolen beschimpft und beleidigt. Der Mann, der in Deutschland als Sozialarbeiter tätig ist, wird von einem der Täter mit der Faust ins Gesicht geschlagen.

25. Mai 2006: Am Himmelfahrtstag gibt es fremdenfeindliche Übergriffe in mehreren Städten: In Weimar traktieren Neonazis einen Inder mit Schlägen und Tritten. In Berlin registriert die Polizei drei ausländerfeindliche Zwischenfälle. In Wismar traktieren einen Mosambikaner so schwer verletzt, dass er in der Klinik behandelt werden muss.

25. Februar 2007: Der Kindergarten Gan-Israel in Berlin wird mit Nazi-Parolen wie "Sieg Heil" und "Auschwitz" beschmiert. Durch eine eingeschlagene Fensterscheibe werfen die Täter zudem einen Rauchkörper in das Gebäude, der sich jedoch nicht entzündet.

9. Juni 2007: Mehr als zehn Mitglieder eines Theaterensembles werden in Halberstadt von einer Gruppe rechtsextremer Täter angegriffen. Fünf werden so schwer verletzt, dass sie im Krankenhaus behandelt werden müssen.

15. Juli 2007: Rechtsextremisten rufen am Krakower See in der Nähe der Ortschaft Serrahn in Mecklenburg ausländerfeindliche Parolen, zeigen den Hitlergruß, belästigen Badegäste und schießen mit einer Maschinenpistole mehr als ein Dutzend Mal in die Luft.

19. August 2007: Bei einem Altstadtfest im sächsischen Mügeln greifen mehrere dutzend Deutsche acht Inder an und hetzen sie über den Marktplatz. Dabei werden alle acht Inder, vier Angreifer und zwei Polizisten verletzt.

Mit Material von dpa, reuters und ap

Gefundene Medien 1 bis 16 von 16

Nummer	Titel	Jahr	Länge
	DVD-Video:		
4655978	Rassismus, Rechtsextremismus No. 2	2006	ca. 128 min f
4631105	Respekt statt Rassismus	2005	136 min f
	VHS-Videokassette:		
4274277	Rassismus, Rechtsextremismus No. 2	2006	ca. 128 min f
4264979	Fünf Spots der Iitiative Medien gegen Rassismus	1996	7 f
4264980	Jugend-Videogruppen gegen Rassismus und Vorurteile	1996	14 f
4260289	Heil	1995	60 min sw+f
4261699	Spurensuche Rassismus	1995	62 f
4263545	Schwarz, weiß	1994	45 f
4255973	Rassismus, Rechtsextremismus	1993	75 min f
* 4254624	Signs of the time, Videos gegen Rassismus (de)	1992	45 f
4255287	Gewalt	1992	20 min f
4255288	Sieg Heil, Deutschland	1992	22 min f
4255289	Scheiß Asylanten, verpißt euch	1992	22 min f
4256476	Die ersten Abrüstungsverhandlungen, Teil 3; Radio, Rassismus und amerikanische Außenpolitik, Teil 4	1987	60 f+sw
	16mm Lichtonfilm:		
3202426	South Africa Loves Jesus, Kirche und Rassismus	1971	22 f
	Buch, Broschüre:		
0150275	Zwischen Romantisierung und Rassismus, Sinti und Roma, 600 Jahre Deutschland	1998	1

Anhang B

Arbeitsblatt für die Schüler: Die Euthanasie im „Dritten Reich"

„Euthanasie" im Nationalsozialismus - ein Überblick

In der Zeit von 1939 - 1945 wurden die Heil- und Pflegeanstalten im deutschen Machtbereich zum Schauplatz eines in der Weltgeschichte einzigartigen Massenmordes. Neueste Schätzungen gehen davon aus, dass ungefähr 196000 Psychiatriepatienten ermordet wurden.
„Bei der Analyse des Massenmordes an psychisch kranken und geistig behinderten Menschen im „Dritten Reich" sind mehrere Formen und Phasen zu unterscheiden:
- die Erschießung und Vergasung von polnischen und deutschen Patienten in den Reichsgauen Danzig-Wartheland und Westpreußen zu Beginn es Zweiten Weltkriegs:
- die Erfassung, Begutachtung und Ermordung von mindestens 5000 Kindern und Jugendlichen in 38 „Kinderfachabteilungen" unter der Regie des „Reichsausschusses zur wissenschaftlichen Erfassung erb- und anlagebedingter schwerer Leiden" in den Jahren von 1939 bis 1945;
- die „Aktion T4", die Vergasung von etwa 70000 Patienten aus den deutschen Heil- und Pflegeanstalten in sechs mit Gaskammern ausgerüsteten Anstalten (Grafeneck, Hadamar, Hartheim, Brandenburg, Bernburg, Sonnenstein) von Januar 1940 bis August 1941, die von der „Reichsarbeitsgemeinschaft Heil- und Pflegeanstalten" in Verbindung mit der Kanzlei des Führers und der Unterabteilung Erb- und Rassenpflege des Reichsinnenministeriums ins Werk gesetzt wurde;
- die „Sonderaktion" gegen mindestens 1000 jüdische Patienten im Jahre 1940;
- die „regionale Euthanasie", d.h. die Fortführung der „Euthanasie" nach dem Stopp der „Aktion T4" in vielen Heil- und Pflegeanstalten, die nun nicht mehr zentral gesteuert, sondern von den Mittelinstanzen - den Landes- und Provinzialverwaltungen - getragen wurde;
- der Versuch der Reichsarbeitsgemeinschaft Heil- und Pflegeanstalten im Sommer 1943, die „Aktion Brandt" zur Errichtung von Ausweichkrankenhäusern in Heil- und Pflegeanstalten abseits der luftkriegsgefährdeten Gebiete zu nutzen, um die dadurch notwendig gewordenen großräumigen Verlegungen von Psychiatriepatienten in die noch bestehenden „Euthanasie"- Zentren zu lenken und damit den weiter andauernden Massenmord wieder zentraler Kontrolle zu unterwerfen."(Schmuhl 2006, 3, 4)
Die Krankenmorde waren die Folge nationalsozialistischer Erbgesundheitspolitik.
Die Krankenmorde waren die Umsetzung der Forderung nach einer „Freigabe der Vernichtung lebensunwerten Lebens".
Die Patientenzahlen in den Anstalten waren zu dieser Zeit stark angestiegen, da immer mehr Menschen mit Behinderungen und Krankheit als abweichend betrachtet und damit auf Antrag der Behörden in eine Anstalt eingewiesen wurden. Dies verursachte mehr Kosten. Die Pflegesätze für die Patienten wurden herabgesetzt und bis unter das Existenzminimum gesenkt. Dadurch stieg die Sterberate in den Heil- und Pflegeanstalten deutlich an. Die Lebensbedingungen in den Anstalten verschlechterten sich.
1937/38 wurde der „Reichsausschuss für Erbgesundheitsfragen" gebildet. Er wurde bald umbenannt in „Reichsausschuss zur wissenschaftlichen Erfassung erb- und anlagebedingter schwerer Leiden" und die politische Leitung lag bei diesem Machtapparat bei der Kanzlei des Führers. Davon ging der Anstoß zur „Euthanasie"-Aktion aus. Ab 1939 kam es zur Kinder-

„Euthanasie", es wurde eine Meldepflicht für alle Neugeborenen und Kleinkinder bis zu 3 Jahren eingeführt, die an Behinderungen litten. Die Gutachter des Reichsausschusses entschieden über Leben und Tod der Kinder. Die Kinder, die zur Ermordung freigegeben waren, wurden in „Kinderfachabteilungen" eingewiesen. Die Eltern wurden über den Zweck im Unklaren gelassen. Die Einweisung der Kinder wurde zum Teil erzwungen. Die Kinder wurden dort langsam mit Medikamenten getötet oder man ließ die verhungern.

Ab 1939 wurde die „Vernichtung lebensunwerten Lebens" auf erwachsene Anstaltspatienten ausgedehnt. Eine Rechtsgrundlage aufgrund eines Gesetzes gab es dafür nicht, es existierte nur eine „Führerermächtigung". Die Erwachsenen-„Euthanasie" wurde als „Aktion T4" bezeichnet. Mindestens 50 Ärzte waren im „Euthanasie"- Apparat tätig, sie arbeiteten freiwillig mit. Sie waren der Ansicht, dass die Verwahrung der Unheilbaren auf Kosten der Behandlung der Heilbaren ging. Die unheilbaren Patienten sollten in „Absterbeanstalten" abgeschoben werden. 1939 wurden alle Anstaltspatienten in Meldebogen erfasst. Dazu gehörten auch die Gruppen der Anstaltsbevölkerung, die als rassistisch minderwertig, kriminell oder „asozial" galten. Die Gutachter der „Euthanasie"-Zentrale entschieden aufgrund der Meldebogen über Leben und Tod kranker und behinderter Menschen.

1940 kam es zu Protestschreiben kirchlicher Amtsträger und Berichterstattung durch ausländische Rundfunksender. 1941 wurden daraufhin die Krankenmorde insgeheim fortgeführt. Menschen in den Helferberufen und auch die Angehörigen versuchten den kranken und behinderten Menschen zu helfen, soweit es ihnen möglich war. Es kam immer wieder zu Protesten vor den Anstaltstoren, trotz der rassenhygienischen Propaganda des NS-Regimes. Auch Alterserkrankte, Kriegsversehrte und Arbeitsinvaliden waren der „Aktion T4" zum Opfer gefallen. Wie schon erwähnt, setzten ab 1941 die verdeckten Morde mit Medikamenten und Nahrungsmittelentzug ein. Ärzte und Schwestern vor Ort entschieden dann über Leben und Tod der Patienten. Wer lästig war wurde getötet.

Ab 1942 lief die „Aktion Brandt" an. Im Rahmen dieser Aktion waren jetzt noch mehr Menschen betroffen, wie Bewohner von Altersheimen, durch den Krieg geschädigte Menschen und kranke Zwangsarbeiter. Es folgte der millionenfache Mord an Juden, Sinti und Roma, an „Fremdvölkischen" und „Gemeinschaftsfremden".

Zusammenfassung aus:

Schmuhl (2006): „Euthanasie" im Nationalsozialismus. In: Institut für Juristische Zeitgeschichte. Jahrbuch der Juristischen Zeitgeschichte Band 7 (2005/2006) Hrsg. Vormbaum S. 3-15)

Die folgenden Texte stammen aus dem Buch von Ernst Klee
»Euthanasie« im NS-Staat
Die »Vernichtung lebensunwerten Lebens«
Fischer Taschenbuch Verlag 1991

Die Berichte in diesem Buch sind zum Teil so erschütternd und schockierend, dass man sie im Unterricht nicht vorstellen kann.

Bericht 1

Einer von vielen:

»Ein Leutnant der Reserve Rueff, Karl, geboren am 1.2.1882 in Winterthur (Schweiz), Eisernes Kreuz I. Klasse, Kopfverletzung aus dem Kriege 1914-18, war seit mehreren Jahren in der Anstalt in Schussenried interniert, wo er häufige Besuche von seiner Familie erhielt: von seinem Vater, Generalkonsul a. D. in Ulm, von seiner Schwester, Ärztin und Leiterin einer psychiatrischen Klinik in Ulm. Die Unterhaltskosten ..... wurden von seiner Invalidenrente bezahlt. Es handelte sich um einen absolut normalen Kranken, welcher nur ab und zu unter epileptischen Anfällen zu leiden hatte und daher weitgehendste Freiheiten in der Anstalt genoss.«

Bericht 2

»Einmal kam eine Kommission zur Besichtigung nach Emmendingen. Beim Durchgang durch einen Saal rief eine Patientin dieser Kommission zu:„So, sucht ihr wieder neue Opfer, ihr Massenmörder"«

Bericht 3

»Zu den in Hartheim getöteten Häftlingen gehörte Johann Fr., der in der Kantine des Lagers (Dachau) beschäftigt und daher vielen Zeugen bekannt war. Er hatte einen Klumpfuß und hinkte; krank war er jedoch nicht....
Am 19. Februar 1942 wurde Karl M. abtransportiert ... Er war völlig gesund; sein einziges Gebrechen war, dass er ohne Brille fast nichts sehen konnte.«

Gefundene Medien 1 bis 3 von 3

Nummer	Titel	Jahr	Länge
	DVD-Video:		
4654899	Hollands langer Schatten oder Euthanasie durch die Hintertür	1994	28 min f
	VHS-Videokassette:		
* 4271776	"Wenn der Bus kommt..."	1997	29 min f
4258090	Hollands langer Schatten oder Euthanasie durch die Hintertür	1994	28 min f

Druckansicht | ?

Anhang C

Arbeitsblatt für die Schüler: Menschenrechte, Grundgesetz und Antidiskriminierungsrechte für Behinderte

Was ist Recht?

Recht ist ein Regelmechanismus von sozialen, wirtschaftlichen und politischen Verhältnissen. Es steuert, stabilisiert und befriedet das gesellschaftliche Zusammenleben. Ohne das Recht würde dieses Zusammenleben durch Willkür, gewaltförmige Konflikte und das Recht des Stärkeren gekennzeichnet sein. Recht hat eine Friedens- und Schutzfunktion. Es versucht Gewalt zu bannen und Macht zu kontrollieren. Recht braucht allerdings auch eine Macht, um durchgesetzt zu werden.

Die Allgemeine Erklärung der Menschenrechte wurde im Dezember 1948 durch die Generalversammlung der UNO verabschiedet.

Das Recht, nicht diskriminiert zu werden - die Kernfrage

Ein herausragende Bedeutung kommt dem Menschenrechtsschutz vor rassistischer Diskriminierung zu, denn der Rassismus ist in Ideologie und Praxis eine der radikalsten Bedrohungen für die Menschenrechte, Die rassistische Ideologie der Ungleichheit bestreitet prinzipiell die Kernidee der Menschenrechte: Gleiche Würde und gleichen Wert aller Menschen und daraus sich ableitend die gleichen Rechte. Stattdessen werden Unterschiede zwischen den Menschen zu Ungleichwertigkeiten umgedeutet und aus dem konstruierten ungleichen Wert der Menschen wird politisch die eigene Überlegenheit begründet. Wird der Rassismus zur „Staatsideologie" , werden die diskriminierten Minderheiten systematisch entrechtet und sind in ihrer puren Existenz bedroht. Dies ist zum Beispiel im Nationalsozialismus geschehen. Diese Erfahrungen haben zur Entwicklung des internationalen Menschenrechtsschutzes geführt. Rassismus führt selten nur zur Verletzung eines Menschenrechtes, sondern meistens zu einer systematischen Diskriminierung bei der Wahrnehmung aller Menschenrechte.

Es sind nicht nur die Staaten, die verpflichtet sind, die Menschenrechte ohne Diskriminierung zu achten, sondern jeder einzelne ist verpflichtet, die gleichen Rechte der anderen zu achten. Deshalb:
1. Kenne und verteidige deine Rechte.
2. Anerkenne die gleichen Rechte der Anderen. Verhalte dich im Alltag selber so, dass du die Menschenrechte der anderen anerkennst und nicht verletzt.
3. Verteidige nach deinen Kräften auch die Rechte anderer und helfe nach deinen Möglichkeiten Opfern von Menschenrechtsverletzungen.

Texte sind Auszüge aus: Fritzsche (2004): Menschenrechte. Paderborn: Schöningh

Arbeitsblatt für die Schüler: Schicksal eines Körperbehinderten

Herr H. wurde 19XX geboren. Er leidet seit seiner Geburt an einer schweren cerebralen Bewegungsstörung und schweren Dysarthrie und kann deshalb nicht sprechen. Er hat noch zwei jüngere Brüder. Sein Vater ist im Zweiten Weltkrieg gefallen. Die Familie wohnte bei Verwandten. In der Kindheit wohnte Herr H. bei seiner Familie, in der er sich wohl fühlte. Nur einmal während eines Spazierganges bekam er Angst. Sie begegneten einer Frau, die sah, dass Herr H. behindert ist. Darauf sagte sie. „Wenn ich solch ein Kind hätte," und dabei zeigte sie auf Herrn H. „würde ich es töten lassen, denn die Frau hat ja noch zwei gesunde Kinder." Als Herr H. ins schulpflichtige Alter kam, nahm ihn die Schule nicht auf, da sie eine Unterrichtung für sinnlos erachtete. Daraufhin hat ihm seine Mutter das Lesen, Schreiben und Rechnen beigebracht.

Da der Vater im Krieg gefallen war, musste die Mutter für den Lebensunterhalt sorgen und sie begann wieder zu arbeiten. Deshalb musste Herr H. in einem Heim untergebracht werden. Im Heim herrschten strenge Regeln, es gab nicht genug zu essen und die Erzieher verboten Herrn H. sich selbständig auf dem Boden fortzubewegen.

19XX wurde er mit 16 Jahren in einer Behindertenschule noch eingeschult. Er fühlte sich in der Schule wohl und lernte gern und schaffte auch den Abschluss.

Nach der Schule wurde er für berufsunfähig erklärt und er zog in ein Pflegeheim ein. Das war für ihn sehr schmerzhaft. Der Tagesablauf dort war monoton und er hatte nichts zu tun. Er sah mit der Behinderung keine Möglichkeit, seinem Leben einen Sinn zu geben, denn die Behinderung verwehrte ihm alles, was in seiner Vorstellung zu einem sinnerfüllten Leben gehörte. Mit der Zeit fand er dort Freunde. Er entschloss sich Schriftsteller zu werden.

Herr H. hatte im Heim keine Chance eine eigene Familie zu gründen. Männer und Frauen wohnten streng getrennt und durften sich nur zu bestimmten Tageszeiten besuchen. Dadurch war keine Beziehung möglich. Das Ausleben einer Beziehung wurde von der Heimleitung mit allen Mitteln verhindert . Eine Vater- oder Mutterschaft war in diesem Heim nicht möglich.

Herr H. wohnt jetzt schon über 40 Jahre in einem Pflegeheim. Er hat dort kein eigenes Zimmer, er teilt das Zimmer mit einem Freund. Er ist aber zufrieden. Er schreibt sehr viel, würde aber auch gerne mal spazieren fahren, ins Theater oder bummeln gehen, aber die schlechte Personalsituation im Heim erlaubt die Erfüllung solcher Wünsche nicht. Er bezeichnet seine sozialen Kontakte daher als „ziemlich schlecht". Allein kann er nichts unternehmen und er fühlt sich lebenslang zum Hausarrest verurteilt. Er ist der Ansicht, dass ein selbst bestimmtes Leben für schwerst behinderte Menschen nicht möglich ist.

(vgl. Hedderich (2006): Einführung in die Körperbehindertenpädagogik, S. 11-17)

Welche Menschenrechtsverletzungen findest du in diesem Bericht?
Finden sich Verstöße gegen die Grundrechte im Grundgesetz?
Findest du noch weitere Rechte, die verletzt werden?

Gefundene Medien 1 bis 17 von 17

Nummer	Titel	Jahr	Länge
DVD-Video:			
4682156	"Im Namen des Volkes..." - Bundesverfassungsgericht und Grundgesetz	2007	30 min f
4650835	Geschichte des Grundgesetzes	2003	20 min f
4650836	Aufbau und Inhalt des Grundgesetzes: Verfassung	2002	16 min f
VHS-Videokassette:			
4270453	Geschichte des Grundgesetz	2002	10 min f
4270454	Aufbau und Inhalt des Grundgesetzes	2001	16 min f
4231482	Säulen der Würde - Zum Menschenbild des Grundgesetzes	1998	29 min f
4200848	Der Weg zum Grundgesetz	1989	22 min f+sw
CD-ROM:			
6652154	Hip-Hop, Cola, Grundgesetz	2000	
6653023	Klassensatz: Hip-Hop, Cola, Grundgesetz	2000	
6651221	50 Jahre Grundgesetz	1998	
Medienpaket:			
5050413	Kennen Sie unser Grundgesetz?	0	
Diareihe:			
1055890	Die Würde des Menschen ist unantastbar, Grundgesetz und Grundrechte		48 f
Transparent-Folien:			
1250261	Gliederung des Grundgesetzes	1984	1
Tonbildreihe:			
1550061	Die Würde des Menschen ist unantastbar	1978	22 f
Audio-CD:			
2451908	" Nach bestem Wissen und Gewissen" - Die Beratungen zum Grundgesetz im Parlamentarischen Rat 1948/49	1997	73 min
Buch, Broschüre:			
0152471	Grundgesetz für die Bundesrepublik Deutschland	2006	
0150212	Grundgesetz Bundesrepublik Deutschland i.d.F. vom 3. November 1995, Landesverfassung Baden-Württemberg i.d.F. vom 15. Februar 1995	1996	1

Druckansicht | ?

Gefundene Medien 1 bis 11 von 11

Nummer	Titel	Jahr	Länge
	DVD-Video:		
* 4610556	EU-Einsatz für die Menschenrechte	2006	22 min f
4631105	Respekt statt Rassismus	2005	136 min f
4602349	Menschenrechte - Die Grundpfeiler der Demokratie	2002	17 min f
	VHS-Videokassette:		
* 4210556	EU-Einsatz für die Menschenrechte	2006	22 min f
* 4202781	Menschenrechte - Die Grundpfeiler der Demokratie	2002	17 min f
4267014	Menschenrechte	1999	6 f
4265179	UNHCR, Flüchtlinge und Menschenrechte	1998	9 f+sw
4260895	Gewalt mal vier	1995	30 min f
	CD-ROM:		
6651654	Die drei neuen Ausschüsse: Kultur und Medien, Angelegenheiten der Neuen Länder, Menschenrechte und Humanitäre Hilfe	1999	
	Medienpaket:		
* 5050623	Menschenrechte unterrichten	2004	
	Audio-CD:		
2451315	Mensch, du hast Recht	1997	59 min

Arbeitsblatt für die Schüler: Allgemeine Erklärung der Menschenrechte

10. Dezember 1948

Präambel

Da die Anerkennung der angeborenen Würde und der gleichen und unveräußerlichen Rechte aller Mitglieder der Gemeinschaft der Menschen die Grundlage von Freiheit, Gerechtigkeit und Frieden in der Welt bildet, da die Nichtanerkennung und Verachtung der Menschenrechte zu Akten der Barbarei geführt haben, die das Gewissen der Menschheit mit Empörung erfüllen, und da verkündet worden ist, daß einer Welt, in der die Menschen Rede- und Glaubensfreiheit und Freiheit von Furcht und Not genießen, das höchste Streben des Menschen gilt, da es notwendig ist, die Menschenrechte durch die Herrschaft des Rechtes zu schützen, damit der Mensch nicht gezwungen wird, als letztes Mittel zum Aufstand gegen Tyrannei und Unterdrückung zu greifen, da es notwendig ist, die Entwicklung freundschaftlicher Beziehungen zwischen den Nationen zu fördern, da die Völker der Vereinten Nationen in der Charta ihren Glauben an die grundlegenden Menschenrechte, an die Würde und den Wert der menschlichen Person und an die Gleichberechtigung von Mann und Frau erneut bekräftigt und beschlossen haben, den sozialen Fortschritt und bessere Lebensbedingungen in größerer Freiheit zu fördern, da die Mitgliedstaaten sich verpflichtet haben, in Zusammenarbeit mit den Vereinten Nationen auf die allgemeine Achtung und Einhaltung der Menschenrechte und Grundfreiheiten hinzuwirken, da ein gemeinsames Verständnis dieser Rechte und Freiheiten von größter Wichtigkeit für die volle Erfüllung dieser Verpflichtung ist, verkündet die Generalversammlung diese Allgemeine Erklärung der Menschenrechte als das von allen Völkern und Nationen zu erreichende gemeinsame Ideal, damit jeder einzelne und alle Organe der Gesellschaft sich diese Erklärung stets gegenwärtig halten und sich bemühen, durch Unterricht und Erziehung die Achtung vor diesen Rechten und Freiheiten zu fördern und durch fortschreitende nationale und internationale Maßnahmen ihre allgemeine und tatsächliche Anerkennung und Einhaltung durch die Bevölkerung der Mitgliedstaaten selbst wie auch durch die Bevölkerung der ihrer Hoheitsgewalt unterstehenden Gebiete zu gewährleisten.

Artikel 1

Alle Menschen sind frei und gleich an Würde und Rechten geboren. Sie sind mit Vernunft und Gewissen begabt und sollen einander im Geiste der Brüderlichkeit begegnen.

Artikel 2

Jeder hat Anspruch auf alle in dieser Erklärung verkündeten Rechte und Freiheiten, ohne irgendeinen Unterschied, etwa nach Rasse, Hautfarbe, Geschlecht, Sprache, Religion, politischer oder sonstiger Anschauung, nationaler oder sozialer Herkunft, Vermögen, Geburt oder sonstigem Stand.

Des weiteren darf kein Unterschied gemacht werden auf Grund der politischen, rechtlichen oder internationalen Stellung des Landes oder Gebietes, dem eine Person angehört, gleichgültig ob dieses unabhängig ist, unter Treuhandschaft steht, keine Selbstregierung besitzt oder sonst in seiner Souveränität eingeschränkt ist.

Artikel 3

Jeder hat das Recht auf Leben, Freiheit und Sicherheit der Person.

Artikel 4

Niemand darf in Sklaverei oder Leibeigenschaft gehalten werden; Sklaverei und Sklavenhandel in allen ihren Formen sind verboten.

Artikel 5

Niemand darf der Folter oder grausamer, unmenschlicher oder erniedrigender Behandlung oder Strafe unterworfen werden.

Artikel 6

Jeder hat das Recht, überall als rechtsfähig anerkannt zu werden.

Artikel 7

Alle Menschen sind vor dem Gesetz gleich und haben ohne Unterschied Anspruch auf gleichen Schutz durch das Gesetz. Alle haben Anspruch auf gleichen Schutz gegen jede Diskriminierung, die gegen diese Erklärung verstößt, und gegen jede Aufhetzung zu einer derartigen Diskriminierung.

Artikel 8

Jeder hat Anspruch auf einen wirksamen Rechtsbehelf bei den zuständigen innerstaatlichen Gerichten gegen Handlungen, durch die seine ihm nach der Verfassung oder nach dem Gesetz zustehenden Grundrechte verletzt werden.

Artikel 9

Niemand darf willkürlich festgenommen, in Haft gehalten oder des Landes verwiesen werden.

Artikel 10

Jeder hat bei der Feststellung seiner Rechte und Pflichten sowie bei einer gegen ihn erhobenen strafrechtlichen Beschuldigung in voller Gleichheit Anspruch auf ein gerechtes und öffentliches Verfahren vor einem unabhängigen und unparteiischen Gericht.

Artikel 11

(1) Jeder, der einer strafbaren Handlung beschuldigt wird, hat das Recht, als unschuldig zu gelten, solange seine Schuld nicht in einem öffentlichen Verfahren, in dem er alle für seine Verteidigung notwendigen Garantien gehabt hat, gemäß dem Gesetz nachgewiesen ist.

(2) Niemand darf wegen einer Handlung oder Unterlassung verurteilt werden, die zur Zeit ihrer Begehung nach innerstaatlichem oder internationalem Recht nicht strafbar war. Ebenso darf keine schwerere Strafe als die zum Zeitpunkt der Begehung der strafbaren Handlung angedrohte Strafe verhängt werden.

Artikel 12

Niemand darf willkürlichen Eingriffen in sein Privatleben, seine Familie, seine Wohnung und seinen Schriftverkehr oder Beeinträchtigungen seiner Ehre und seines Rufes ausgesetzt werden. Jeder hat Anspruch auf rechtlichen Schutz gegen solche Eingriffe oder Beeinträchtigungen.

Artikel 13

(1) Jeder hat das Recht, sich innerhalb eines Staates frei zu bewegen und seinen Aufenthaltsort frei zu wählen.

(2) Jeder hat das Recht, jedes Land, einschließlich seines eigenen, zu verlassen und in sein Land zurückzukehren.

Artikel 14

(1) Jeder hat das Recht, in anderen Ländern vor Verfolgung Asyl zu suchen und zu genießen.

(2) Dieses Recht kann nicht in Anspruch genommen werden im Falle einer Strafverfolgung, die tatsächlich auf Grund von Verbrechen nichtpolitischer Art oder auf Grund von Handlungen erfolgt, die gegen die Ziele und Grundsätze der Vereinten Nationen verstoßen.

Artikel 15

(1) Jeder hat das Recht auf eine Staatsangehörigkeit.

(2) Niemandem darf seine Staatsangehörigkeit willkürlich entzogen noch das Recht versagt werden, seine Staatsangehörigkeit zu wechseln.

Artikel 16

(1) Heiratsfähige Männer und Frauen haben ohne jede Beschränkung auf Grund der Rasse, der Staatsangehörigkeit oder der Religion das Recht, zu heiraten und eine Familie zu gründen. Sie haben bei der Eheschließung, während der Ehe und bei deren Auflösung gleiche Rechte.

(2) Eine Ehe darf nur bei freier und uneingeschränkter Willenseinigung der künftigen Ehegatten geschlossen werden.

(3) Die Familie ist die natürliche Grundeinheit der Gesellschaft und hat Anspruch auf Schutz durch Gesellschaft und Staat.

Artikel 17

(1) Jeder hat das Recht, sowohl allein als auch in Gemeinschaft mit anderen Eigentum innezuhaben.

(2) Niemand darf willkürlich seines Eigentums beraubt werden.

Artikel 18

Jeder hat das Recht auf Gedanken-, Gewissens- und Religionsfreiheit; dieses Recht schließt die Freiheit ein, seine Religion oder seine Weltanschauung zu wechseln, sowie die Freiheit, seine Religion oder seine Weltanschauung allein oder in Gemeinschaft mit anderen, öffentlich oder privat durch Lehre, Ausübung, Gottesdienst und Kulthandlungen zu bekennen.

Artikel 19

Jeder hat das Recht auf Meinungsfreiheit und freie Meinungsäußerung; dieses Recht schließt die Freiheit ein, Meinungen ungehindert anzuhängen sowie über Medien jeder Art und ohne Rücksicht auf Grenzen Informationen und Gedankengut zu suchen, zu empfangen und zu verbreiten.

Artikel 20

(1) Alle Menschen haben das Recht, sich friedlich zu versammeln und zu Vereinigungen zusammenzuschließen.

(2) Niemand darf gezwungen werden, einer Vereinigung anzugehören.

Artikel 21

(1) Jeder hat das Recht, an der Gestaltung der öffentlichen Angelegenheiten seines Landes unmittelbar oder durch frei gewählte Vertreter mitzuwirken.

(2) Jeder hat das Recht auf gleichen Zugang zu öffentlichen Ämtern in seinem Lande.

(3) Der Wille des Volkes bildet die Grundlage für die Autorität der öffentlichen Gewalt; dieser Wille muß durch regelmäßige, unverfälschte, allgemeine und gleiche Wahlen mit geheimer Stimmabgabe oder einem gleichwertigen freien Wahlverfahren zum Ausdruck kommen.

Artikel 22

Jeder hat als Mitglied der Gesellschaft das Recht auf soziale Sicherheit und Anspruch darauf, durch innerstaatliche Maßnahmen und internationale Zusammenarbeit sowie unter Berücksichtigung der Organisation und der Mittel jedes Staates in den Genuß der wirtschaftlichen, sozialen und kulturellen Rechte zu gelangen, die für seine Würde und die freie Entwicklung seiner Persönlichkeit unentbehrlich sind.

Artikel 23

(1) Jeder hat das Recht auf Arbeit, auf freie Berufswahl, auf gerechte und befriedigen de Arbeitsbedingungen sowie auf Schutz vor Arbeitslosigkeit.

(2) Jeder, ohne Unterschied, hat das Recht auf gleichen Lohn für gleiche Arbeit.

(3) Jeder, der arbeitet, hat das Recht auf gerechte und befriedigende Entlohnung, die ihm und seiner Familie eine der menschlichen Würde entsprechende Existenz sichert, gegebenenfalls ergänzt durch andere soziale Schutzmaßnahmen.

(4) Jeder hat das Recht, zum Schutze seiner Interessen Gewerkschaften zu bilden und solchen beizutreten.

Artikel 24

Jeder hat das Recht auf Erholung und Freizeit und insbesondere auf eine vernünftige Begrenzung der Arbeitszeit und regelmäßigen bezahlten Urlaub.

Artikel 25

(1) Jeder hat das Recht auf einen Lebensstandard, der seine und seiner Familie Gesundheit und Wohl gewährleistet, einschließlich Nahrung, Kleidung, Wohnung, ärztliche Versorgung und notwendige soziale Leistungen, sowie das Recht auf Sicherheit im Falle von Arbeitslosigkeit, Krankheit, Invalidität oder Verwitwung, im Alter sowie bei anderweitigem Verlust seiner Unterhaltsmittel durch unverschuldete Umstände.

(2) Mutter und Kind haben Anspruch auf besondere Fürsorge und Unterstützung. Alle Kinder, eheliche wie außereheliche, genießen den gleichen sozialen Schutz.

Artikel 26

(1) Jeder hat das Recht auf Bildung. Die Bildung ist unentgeltlich, zum mindesten der Grundschulunterricht und die grundlegende Bildung. Der Grundschulunterricht ist obligatorisch. Fach-, und Berufsschulunterricht müssen allgemein verfügbar gemacht werden, und der Hochschulunterricht muß allen gleichermaßen entsprechend ihren Fähigkeiten offenstehen.

(2) Die Bildung muß auf die volle Entfaltung der menschlichen Persönlichkeit und auf die Stärkung der Achtung vor den Menschenrechten und Grundfreiheiten gerichtet sein. Sie muß zu Verständnis, Toleranz und Freundschaft zwischen allen Nationen und allen rassischen oder religiösen Gruppen beitragen und der Tätigkeit der Vereinten Nationen für die Wahrung des Friedens förderlich sein.

(3) Die Eltern haben ein vorrangiges Recht, die Art der Bildung zu wählen, die ihren Kindern zuteil werden soll.

Artikel 27

(l) Jeder hat das Recht, am kulturellen Leben der Gemeinschaft frei teilzunehmen, sich an den Künsten zu erfreuen und am wissenschaftlichen Fortschritt und dessen Errungenschaften teilzuhaben.

(2) Jeder hat das Recht auf Schutz der geistigen und materiellen Interessen, die ihm als Urheber von Werken der Wissenschaft, Literatur oder Kunst erwachsen.

Artikel 28

Jeder hat Anspruch auf eine soziale und internationale Ordnung, in der die in dieser Erklärung verkündeten Rechte und Freiheiten voll verwirklicht werden können.

Artikel 29

(1) Jeder hat Pflichten gegenüber der Gemeinschaft, in der allein die freie und volle Entwicklung seiner Persönlichkeit möglich ist.

(2) Jeder ist bei der Ausübung seiner Rechte und Freiheiten nur den Beschränkungen unterworfen, die das Gesetz ausschließlich zu dem Zweck vorsieht, die Anerkennung und Achtung der Rechte und Freiheiten anderer zu sichern und den gerechten Anforderungen der Moral, der öffentlichen Ordnung und des allgemeinen Wohles in einer demokratischen Gesellschaft zu genügen.

(3) Diese Rechte und Freiheiten dürfen in keinem Fall im Widerspruch zu den Zielen und Grundsätzen der Vereinten Nationen ausgeübt werden.

Artikel 30

Keine Bestimmung dieser Erklärung darf dahin ausgelegt werden, daß sie für einen Staat, eine Gruppe oder eine Person irgendein Recht begründet, eine Tätigkeit auszuüben oder eine Handlung vorzunehmen, welche die Beseitigung der in dieser Erklärung verkündeten Rechte und Freiheiten zum Ziel hat.

Anhang D

Arbeitsblatt für die Schüler: Behinderte und Gesellschaft

Verhaltensregeln
wenn ich von einer Jugendgruppe bedroht werde

1. Möglichst weglaufen, denn die Gruppe ist immer stärker als ein einzelner. Einzelne Opfer werden ausgesucht, weil sie der Gruppe unterlegen sind. Wenn ich weglaufe, sollte ich immer dorthin laufen, wo Menschen sind und diese um Hilfe bitten. Kann ich einen geschützten Raum aufsuchen, dann sollte ich diesen Raum nicht mehr allein verlassen, sondern mit dem Handy Polizei oder die Eltern anrufen.

2. Wenn ich nicht mehr weglaufen kann, sollte ich versuchen, mit den Jugendlichen **ruhig** zu reden. Manchmal hilft das. Wenn man aggressiv reagiert, dann reagieren die Jugendlichen oft mit Gewalt. In der Regel haben Gruppen einen Anführer, er sollte dann verstärkt angesprochen werden.

3. Wenn das Reden nicht hilft und ich in einer Situation bin, wo ich mit selbst nicht mehr helfen kann, sollte man umstehende Passanten zur Hilfe auffordern. Dabei helfen Menschen eher, wenn sie direkt angesprochen werden. Ich sollte dem Passanten dann mitteilen, dass er die Polizei rufen soll. Wird ein Passant aktiv, dann helfen in der Regel auch die anderen. Dann wird für die Jugendgruppe die Situation schwierig. Die Jugendlichen suchen dieses Risiko nicht und entziehen sich in der Regel vom Ort des Geschehens.

4. Wenn ich keine Hilfe von Außenstehenden bekomme, dann bleibt mir nichts anderes übrig, als das zu tun, was die Jugendlichen von mir verlangen. Bei Gegenwehr wird es wahrscheinlich zu körperlicher Gewalt kommen. Körperliche Gegenwehr wird von den Jugendlichen in der Regel mit Gewalt beantwortet. Wehrt sich das Opfer mit Waffen, so kommt es zu einer gefährlichen Situation.

5. Bin ich Opfer einer Gewalttat geworden, sollte ich zum eigenen Schutz auch eine Anzeige bei der Polizei stellen. Jeder Mensch hat ein Recht, Anzeige zu stellen, und jeder Polizist ist verpflichtet, diese Anzeige auch anzunehmen. Die Anzeige bietet den besten Schutz vor erneuten Gewalttaten, da die Täter durch polizeiliche Ermittlungen Unannehmlichkeiten zu befürchten haben. Wird keine Anzeige erstattet, dann haben die Jugendlichen nichts zu befürchten, wenn sie das Opfer später wieder zum Opfer machen. Das Opfer ist damit dauerhaft schutz- und wehrlos.

6. Auf jeden Fall sollte der Jugendliche mit einer Person, der er vertraut, über das Geschehene reden und gemeinsam mit ihr nach Lösungen suchen.

Texte sind Auszüge aus:
Posselt (1996): Handbuch Schule ohne Rassismus. Bonn: Bundeskoordination c/o Aktion COURAGE - SOS Rassismus

Arbeitsblatt für die Schüler
Ratschläge zum Verhalten in Bedrohungssituationen

1. Vorbereiten
Bereite dich auf mögliche Bedrohungssituationen seelisch vor.

2. Ruhig bleiben
Panik und Hektik in der Situation vermeiden. Das wirkt auch auf andere Beteiligte beruhigend.

3. Aktiv werden
Lass dich nicht von der Angst lähmen.

4. Geh aus der zugewiesenen Opferrolle
Verhalte dich nicht unterwürfig, provoziere nicht, aber zeige deutlich, was du willst!

5. Halte den Kontakt zum Angreifer
Stelle den Blickkontakt her und versuche die Kommunikation herzustellen bzw. aufrechtzuerhalten.

6. Reden und zuhören
Sprich laut und deutlich, höre zu, was der Angreifer sagt. Aus seinen Antworten kannst du deine nächsten Schritte ableiten.

7. Nicht drohen oder beleidigen
Kritisiere das Verhalten des Angreifers, aber werte ihn nicht persönlich ab.

8. Hol dir Hilfe
Sprich einzelne Personen um Hilfe an.

9. Tu das Unerwartete
Fall aus der Rolle, sei kreativ, und nutze den Überraschungseffekt zu deinem Vorteil aus.

10. Vermeide möglichst jeden Körperkontakt
Körperkontakt ist eine Grenzüberschreitung, die zu weiterer Aggression führt.

Wenn es möglich ist, dann vermeide Bedrohungssituationen, indem du zum Beispiel nicht spät am Abend alleine in einer wenig bevölkerten Gegend unterwegs bist.

Texte sind Auszüge aus.
Posselt (1996): Handbuch Schule ohne Rassismus. Bonn: Bundeskoordination c/o Aktion COURAGE - SOS Rassismus

Arbeitsaufgabe:
Schreibe bei jeder Person unter der angegeben Nummer auf, was sie für einen Eindruck auf dich macht. Welchen Beruf könnte sie ausgeübt haben? Welche Eigenschaften könnten sie haben? Wie könnte ihre Persönlichkeit aussehen?

1

Stephen Hawking
Englischer Astrophysiker und Inhaber des
Lucasischen Lehrstuhls an der Universität
Cambridge, den einst Sir Isaac Newton und
Paul Dirac inne hatten

2

Albert Schweitzer
Elsässischer evangelischer Theologe, Orgelkünstler,
Musikforscher (Musiker), Philosoph und Arzt.

Außerdem erhielt er den Friedensnobelpreis.

3

Adolf Eichmann
Er war im Dritten Reich verantwortlich für
die Vertreibung und die Deportation von
Juden in Konzentrationslager.

4

Mohandas Karamchand Gandhi
Rechtsanwalt
Gewaltloser Freiheitskämpfer für die
Unabhängigkeit Indiens.

5

Fritz Haarmann
Altkleiderhändler
24 facher Mörder

6

Henry Dunant
Schweizer Geschäftsmann
Gründer des Roten Kreuzes

Anhang E

Arbeitsblatt für die Schüler: Rassismus in den Medien

Zum Thema Medien ...

Medien informieren und unterrichten, wir erhalten dadurch Bilder von der Welt über Ereignisse in unserer Gesellschaft und an anderen Orten. Aber in den Medien wird die Realität nicht abgebildet, Ereignisse werden zu Nachrichten und damit findet immer eine Auswahl statt.

Film und Fernsehen sind neben Quellen der Unterhaltung die mächtigsten Propagandainstrumente, die je von Menschen geschaffen wurden, und die Nazizeit hat bewiesen, dass sie in falschen Händen dazu benutzt werden können unliebsamen Gruppen Schaden zuzufügen. Im Fernsehen werden Schwarze Männer typischerweise von der Hüfte aufwärts nackt in Handschellen und über ein Polizeiauto gebeugt gezeigt.

Der Missbrauch der Informationsmedien und die Darstellung in falschen Bildern tragen zu Rassismus und Rassendiskriminierung bei.

In manchen Filmen werden „Bösewichte" mit schwarzer, gelber oder roter Hautfarbe gezeigt. Sie sind behindert, dick, geisteskrank, hässlich. Damit werden äußere Merkmale mit Persönlichkeitseigenschaften verbunden, die in der Wirklichkeit so nicht vorhanden sind. So entsteht ein falscher Eindruck, der in die Wirklichkeit übertragen wird und zu Rassismus führen kann.

Aufgabe:

Notiere solche Beispiele aus Spielfilmen, Computerspielen usw. die dir bekannt sind!

Auszug aus:

Birungi (2007): Rassismus in Medien. Frankfurt: Lang

Arbeitsblatt für die Schüler: Zehn kleine Negerlein

Zehn kleine Negerlein ....

Was ist schlimm an diesem Lied?

1. Es ist die doppelte Verkleinerungsform „kleine Negerlein", die den Schwarzen, den Afrikaner als Kind zeigt, das
2. naiv und selbstzerstörerisch handelt. Selbst kleine deutsche Kinder wissen, dass sie nicht so dumm wären, dass sie in ähnlichen Situationen vernünftiger handeln würden, dass sie überlebten.
3. Es wird dem Kind das Wort „Neger" selbstverständlich gemacht, das Afrikaner, Schwarzamerikaner und Deutsche mit dunkler Hautfarbe als Schimpfwort empfinden.
4. Tod und Vernichtung, das Verschwinden von Menschen wird als Kinderei, als harmlos, als Spiel dargestellt. Es ist einfach lustig und hat Unterhaltungswert, wie die Gewaltvideos, über die wir uns so entrüsten.

Text aus.
Birungi (2007): Rassismus in Medien. Frankfurt: Lang

Zehn kleine Negerlein

aus Wikipedia, der freien Enzyklopädie

Zehn kleine Negerlein ist ein Zählreim, der, in verschiedenen Textversionen in Gebrauch, stets 10 Strophen enthält, in denen jeweils ein "Negerlein" stirbt oder verschwindet. Er stammt von dem amerikanischen Lied *Ten little Indians* aus 1868 ab (Originaltext aus engl.Wikipedia). Er wurde und wird in verschiedenen Versionen bebildert oder vertont. Das Grundthema des reihenweisen Todes oder Verschwindens von Personen ist oft Thema von Büchern oder Filmen, wobei manchmal der Titel an den Reim erinnert.

Inhaltsverzeichnis

- 1 Versform
- 2 Bücher (geordnet nach erstem Erscheinungsjahr)
- 3 Lieder
- 4 Film
- 5 Theater
- 6 Weblinks

Versform

Die Strophen werden entweder als zwei lange oder vier kurze Zeilen geschrieben. Beispiel:

> *Fünf kleine Negerlein, die tranken bayrisch' Bier,*
> *Das eine trank, bis dass es barst, da waren's nur noch vier.*

Bücher (geordnet nach erstem Erscheinungsjahr)

- *Aus Kamerun. Ein Bilderbuch für kleine und große Kinder* - F.H.Benary, C.W.Allers, Braun & Schneider, München 1885
- *Zehn kleine Negerlein (Agatha Christie).* - Agatha Christie 1939
- *Die zehn kleinen Negerlein.* - Vera Ferra-Mikura 1958
- *Zehn kleine Negerlein.* Eine musikalische Reise durch die Welt und das Einmaleins. - James Krüss 1963
- *Zehn kleine Kelly-Kinder* - Jürgen Tomicek

Lieder

- The Beach Boys: Ten Little Indians, 1962
- MTS: 10 böse Autofahrer, 1974
- Leila Negra: Zwölf kleine Negerlein
- Time To Time: Zehn kleine Negerlein (1991)
- Die Toten Hosen: Zehn kleine Jägermeister, aus dem Album Opium fürs Volk, 1996
- Hermann Hoffmann: Zehn kleine Keglerlein, aus "Eine kleine Dachkammermusik", 21. September 1974
- Onkel Hotte: Zehn kleine Glatzenköpp
- Die Streuner: Zehn Orks
- Otto Waalkes: Zehn kleine Ottifanten
- B-Tight: Zehn kleine Negerlein, aus dem Album Neger, Neger, 2007

- Slime (Band): Zehn kleine Nazischweine
- Soko Friedhof: Grufties, 2006

Film

- Die "Zehn kleinen Negerlein" von Agatha Christie wurden 1945, 1965/66, 1974 und 1987 verfilmt. Die Verfilmung von 1966 ist in deutsch als DVD mit dem Titel "Da waren's nur noch neun" erhältlich (Regie George Pollock, mit Mario Adorf, Shirley Eaton, Daliah Lavi, Marianne Hoppe u.a., ca. 86 min, S/W, ab 16 Jahren); unter Bezug auf den englischen Reim *Ten little Indians* sind symbolisch 10 Indianerfiguren zu sehen.
- Der Song der Toten Hosen ist als Musikvideo auf der DVD *Reich und Sexy II* enthalten.
- Es gibt eine ganze Reihe von Filmen, in denen das Motto erscheint, ohne dass explizit auf den Reim Bezug genommen wird. Beispielhaft sei hier die *Alien* Filmreihe erwähnt.

Theater

- Die Aufführung der Dramatisierung von *Zehn kleine Negerlein (Agatha Christie)* 2002 in Essen sorgte für einen Eklat. Der Pro Multi Club sowie das Anti-Rassismus-Telefon der Stadt sahen in dem Wort *Neger* eine Diskriminierung (WAZ, 15. April 2002).

Weblinks

- Geschichte des Kinderbuchs im Detail
- Textvariante "... die fuhren über'n Rhein ..."
- Textvariante "... die schliefen in der Scheun' ..."
- Text von F.H.Benary (Kinderbuch von 1885): "... schlachteten ein Schwein ..."

Von „http://de.wikipedia.org/wiki/Zehn_kleine_Negerlein"

Kategorien: Gedicht | Kinderreim

Zehn kleine Negerlein

Zehn kleine Negerlein, die schliefen in
der Scheun.
Einer ging im Heu verloren, da waren's nur
noch neun.

Neun kleine Negerlein, die gingen auf die
Jagd.
Da hat sich eines totgeschossen, da
waren's nur noch acht.

Acht kleine Negerlein, die gingen Kegel
schieben.
Da hat sich eines totgeschoben, da waren's
nur noch sieben.

Sieben kleine Negerlein, die gingen zu
'ner Hex'.
Da hat sie eines aufgegessen, da waren's
nur noch sechs.

Sechs kleine Negerlein, die gingen in die
Sümpf'.
Der eine ist drin stecken blieben, da
waren's nur noch fünf.

Fünf kleine Negerlein, die tranken gerne
Bier.
Da hat sich einer totgesoffen, da waren's
nur noch vier.

Vier kleine Negerlein, die kochten einen
Brei.
Da hat sich einer totgegessen, da waren's
nur noch drei.

Drei kleine Negerlein, die gingen in die
Türkei.
Da wurde einer aufgespießt, da waren 's
nur noch zwei.

Zwei kleine Negerlein, die gingen zu einem
Schreiner.

Der eine wurd' in Sarg gelegt, da war es
nur noch einer.

Ein kleines Negerlein, das fuhr in einer
Kutsch'.
Die Kutsch', die ist zerbrochen, da warn
sie alle futsch.

Arbeitsblatt für die Schüler: Ein Computerspiel ...

Ein Computerspiel ...

In dem Computerspiel bist du ein Gott. Deine Macht hängt von der Anzahl und Produktivität deiner Anhänger ab. Je mächtiger du bist, um so mehr Zauberkraft besitzt du. Es gibt zwei verschiedene Möglichkeiten neue Anhänger zu gewinnen: Die erste Möglichkeit ist, die Anhänger zu beauftragen neue Kinder für deine besonders gute Rasse zu zeugen. Dabei solltest du darauf achten, keine faulen Anhänger dafür auszuwählen, weil deren Kinder ebenso faul sind. Faule Anhänger erkennt man daran, dass sie nur herumsitzen und nicht arbeiten. An ihrem Verhalten kannst du die Charaktereigenschaft der Faulheit erkennen. Faule Anhänger sind unnütze Esser. Es ist dir freigestellt sie zu töten, da sie ja keinen Nutzen haben. Die andere Möglichkeit, neue Anhänger zu gewinnen ist durch die Bekehrung fremder Dörfer zum eigenen Glauben. Dies werden aber die anderen Götter versuchen zu verhindern. Deshalb musst du deine Zauberkraft einsetzen um die Ungläubigen zu beeindrucken und andere Götter zu bekämpfen.

Dieses Computerspiel ist nicht erfunden, es existiert tatsächlich und enthält diese Regeln, aber diese Regeln stehen nicht im Handbuch, der Spieler muss sie selbst herausfinden!

Schreibe auf:
Enthält dieses Spiel rassistische Denkmuster und wenn ja, dann welche?

In der Anleitung des Spiels befindet sich ein Hinweis auf Urheberrechte, der die Präsentation in Schulen untersagt.

Rassismus in Film und Roman

Ich habe einen Roman, der verfilmt wurde gefunden, in dem sich folgende Kennzeichen finden.

S. hat vor 5000 Jahren versucht die Welt zu erobern und sich dabei eine Kriegerrasse geschaffen, indem er sie gefoltert und verstümmelt hat. Mit dieser Kriegerrasse versuchte er die Welt zu erobern und alle anderen zu vernichten, weil er sich mächtiger und stärker als die anderen fühlt. Dies schlug fehl. Er wurde besiegt und ihm wurde seine Superwaffe abgenommen. Nach 5000 Jahren Erholungszeit versuchte er es erneut. Er hat sich einen neuen Verbündeten gesucht, der durch genetische Züchtung die Kriegerrasse noch weiter verbessert hat. Sie ist jetzt intelligenter und schlagkräftiger.

Er sucht nach seiner Superwaffe, die einer der Romanhelden besitzt. Dieser will sie vernichten, was nur an einem bestimmten Ort möglich ist. Deshalb reist der Romanheld mit seinen Freunden tief ins Feindesland um die Waffe dort zu zerstören. Die Rasse der Romanfiguren bestimmt das Aussehen der einzelnen Personen und damit auch ihre Eigenschaften. Jede Rasse wird in dem Roman mit spezifischem Aussehen, dem spezielle Charaktereigenschaften zugeschrieben werden dargestellt. Rassen können in diesem Roman in eine Reihenfolge nach höherwertigen und niedrigeren Rassen gebracht werden. Wesen einer niedrigen Rasse, die äußerlich sehr hässlich sind (die einen behinderten Eindruck machen) werden von den Helden wie Tiere abgeschlachtet.

Der Titel des Romans, der verfilmt wurde, (Film wurde im Kino und Fernsehen gezeigt) wird aus urheberrechtlichen Gründen nicht genannt. Einige Fakten wurden abgeändert.

Beschreibe die rassistischen Denkmuster, die sich in dem Text befinden!

Anhang F

Arbeitsblatt für die Schüler: Kein Rassismus in unserer Schule

Was versteht man unter Alltagsrassismus?

Die Übernahme von Rassismus in alltägliche Situationen durch Denk- und Handlungsformen, die die dahinterliegenden Machtstrukturen stabilisieren und verfestigen. Dies ist ein ununterbrochener Prozess, bei dem Rassismus nicht mehr befragt wird und als normales und allgemein gebräuchliches Verhaltensmuster betrachtet wird. In der Sprache finden sich viele Redewendungen, die bestimmte Bevölkerungsgruppen diskriminieren.

Beispiele:
1. „Mann, bist du dämlich ...“

2. „Diese Abrechnung ist getürkt worden ...“

3. „Die Sache ist mir nicht ganz koscher .....“

4. „..... das ganze kommt mir spanisch vor.“

5. „.... wie hoch ist ihre Buschzulage?“

6. „....hier geht es ja zu wie in einer Judenschule!“

7. „... hört endlich auf mit dem herumzigeunern....“

8. „.....ihr brüllt ja wie die Hottentotten....“

9. „..... dann haben wir bald italienische Verhältnisse ....“

10. „... wir sind hier doch nicht im Busch ...“

11. „... mach mal keinen Negeraufstand ....“

12. „..... wenn du mehr Geld brauchst, zeig mir einen Juden, dem man in die Tasche greifen kann ...“

13. „...das macht mir einen Heidenspaß....“

14. „Ich bin doch nicht ein Neger...“

15. „.....ein Bier, Fräulein“

16. „Schwarzfahren wird bestraft“

17. „......Du Spasti“

Wenn rassistische Vorstellungen und Handlungen das tägliche Leben durchziehen und Bestandteil der Aufrechterhaltung gesellschaftlichen Lebens werden, dann produziert die Gesellschaft Alltagsrassismus und rechtfertigt ihn.

Auszüge aus:
Posselt (1996): Handbuch Schule ohne Rassismus. Bonn: Bundeskoordination c/o Aktion COURAGE - SOS Rassismus

Wir wollen keinen Rassismus in unserer Schule
Deshalb halten wir uns an die folgenden Regeln:

1. Wir sagen nein zu Rassismus. Alle Menschen sind gleichwertig. Wir lehnen die Diskriminierung von Menschen ab. Rassismus legitimiert Gewalt, hetzt Menschen aufeinander und schafft Hass und Feindschaft. Wir achten die Menschenwürde, indem wir die Kulturen anderer Menschen wie die eigene erkennen, achten und respektieren.

2. Wir verpflichten uns, alle Formen und Äußerungen rassistischer und diskriminierender Art zu vermeiden und zu verhindern. Unsere Schule soll aktiv allen rassistischen Bemerkungen, Aussagen, Argumenten, Vorurteilen und Handlungen entgegentreten.

3. Unsere Schule soll Initiativen gegen Rassismus und zur Verständigung aller Menschen und Kulturen ergreifen (Organisation von Festen, Begegnungen und Veranstaltungen).

4. Rassismus und Gewalt sollen nach Möglichkeit in jedem Unterrichtsfach thematisiert werden.

5. Unsere Schule widersetzt sich rassistischer Organisation und deren Propaganda.

6. Wir verhalten uns untereinander und auch Nichtbehinderten gegenüber in einem guten Umgangston. Das hilft den Anderen besser mit dem Problem der Behinderung umzugehen.

Inhaltlich aus:
Posselt (1996): Handbuch Schule ohne Rassismus: Bonn: Bundeskoordination c/o Aktion COURAGE SOS Rassismus

Gefundene Medien 1 bis 20 von 22

Nummer	Titel	Jahr	Länge
	DVD-Video:		
* 4654678	Wölfe im Schafspelz	2006	ca. 91 min f
4655978	Rassismus, Rechtsextremismus No. 2	2006	ca. 128 min f
* 4653433	Rechtsextremismus heute	2005	ca. 26 min f
4652696	Am rechten Rand	2003	92 min f
* 4650444	Rechtsextremismus im Internet	2000	15 min f
	VHS-Videokassette:		
4274277	Rassismus, Rechtsextremismus No. 2	2006	ca. 128 min f
* 4268994	Rechtsextremismus	2001	15 min f
4272101	Anschlag auf die Demokratie	2001	7 min f
4267710	Rechtsextremismus im Internet	2000	15 min f
4260289	Heil	1995	60 min sw+f
4210212	Fremd-Verkehr	1993	16 f
4255973	Rassismus, Rechtsextremismus	1993	75 min f
	CD-ROM:		
6653720	Rechtsextremismus im Internet (Fassung 2004)	2004	
6652296	Informationen und Präventionsansätze zu Rechtsextremismus und Fremdenfeindlichkeit	2001	
* 6652904	Rechtsextremismus im Internet (Fassung 2001)	2001	
	Medienpaket:		
5050454	Rechtsextremismus und Fremdenfeindlichkeit	2001	
	16mm Lichtonfilm:		
3210212	Fremd-Verkehr	1993	15 f
	Transparent-Folien:		
1250551	Rechtsextremismus in Deutschland	1994	18 f
	Tonbildreihe:		
1550291	Rechtsextremismus, keine Gefahr für unsere Demokratie	1979	11 f+sw
	Buch, Broschüre:		
0152083	Fallstudien zur Fernsehberichterstattung über den Rechtsextremismus in Deutschland 1998 - 2001	2002	

www.ingramcontent.com/pod-product-compliance
Lightning Source LLC
Chambersburg PA
CBHW081203280526
45793CB00004B/707